ジャーナリストの仕事

齋藤信宏
Saito Nobuhiro

青弓社

ジャーナリストの仕事　目次

第3章◉松本サリン事件の教訓

第4章◉事件記者として

第5章◉経済を取材する

第6章◉アメリカという教室

第7章◉これからのジャーナリズム

装画——ヤマサキタツヤ
装丁——Malpu Design［清水良洋］

はじめに

「現場百遍」という言葉があります。警察官が好んで使う言い回しで、要は「現場に百回でも二百回でも通うことが大事」という意味です。

ジャーナリストにとっても、現場に行くことは非常に重要な意味をもちます。どんなにインターネット空間が発達して、スマートフォンやパソコンでなんでも調べられるようになったとしても、現場での発見に勝るものはありません。

私がいまでも印象深く思い出す現場の一つに、一九九四年六月二十七日深夜に長野県松本市で発生した松本サリン事件のそれがあります。

当時、長野支局に勤務していた私は、家でベッドに入ろうとしていてデスクに呼び出されました。「とりあえず現場を見てきてほしい」という指示で未明に車で駆け付けた松本市の住宅街は、奇妙なほど静かでした。周囲には、私と同じような新聞記者やテレビ局のクルー、鑑識作業中の捜査員などがいたのですが、大きな音がいっさい聞こえない不思議な空間でした。

明るくなり、周りの様子が少しずつ見えてきます。アスファルトの上にハトの死骸がありました。

近くの池では、魚が腹を上にして浮かんでいるのが見えました。なにがどうなっているのかはまったくわかりませんでしたが、とにかく「変な現場だな」と思ったのを覚えています。

のちに、事件はオウム真理教の信者が、山梨県上九一色村の施設で製造した猛毒の神経ガス・サリンを撒いて引き起こしていたことが判明するのですが、現場を見た時点ではサリンという神経ガスの名前さえ私は知りませんでした。ただ、現場で感じた違和感だけは心に残りました。

現場のことは見た者にしかわかりません。あとになって評論家やコメンテーターがいろいろな発言をしたとしても、最初の現場が発していた空気感や音、匂いはその場にいた者だけが知っているものです。

私は東日本大震災の発生当時、アメリカ東海岸にいました。テレビから流れてくる津波の映像にただ動揺していたのですが、本当の現場を知りません。テレビの画面からは津波の恐ろしさだけは伝わってきましたが、そこに暮らす人間の息遣いは伝わってきませんでした。ヘリコプターや固定カメラから撮った映像の向こう側に何十万もの人々の命と暮らしがあったはずなのに。私は現場にいなかったことで、逆に東日本大震災から現場の大切さを教わった気がしています。

本書で私は、自分が歩いてきた現場の話を中心に、読者のみなさんにジャーナリストの仕事を紹介したいと考えています。ジャーナリストにもいろいろなタイプがいて、私の経験が典型的なジャーナリストの仕事と言いきれるかどうかはわかりません。数あるジャーナリスト人生の一つというくらいの位置付けでとらえてもらえれば、と思います。

特に、これからジャーナリストを目指したいと考えている若い世代の読者に少しでも参考にしていただければ、これに勝る喜びはありません。

第1章
ジャーナリストという仕事

1 現場に行く

ジャーナリストにとって最も大事なのは「自分の目で現場を見る」ことだ。いくらインターネットで情報をかき集めてみても、実際に自分の足で現地に行って現場を見てみないことには本当のことはわからない。

現場には匂いがあり、色があり、音がある。暑かったり寒かったりもする。現場の周辺になにがあるのか、どんな地形の場所なのか。その場所に立つことで感じることは意外なほど多い。

そこで感じたことをどれだけ細かく上手に表現できるかがジャーナリストの力量でもあるのだが、それは二の次だ。まずは現場を見ること、現場で音を聞き、匂いを嗅いでみることがなによりも大切だ。

新聞社に入ったばかりのころ、私は何度も忘れがたい現場に遭遇した。いずれも一年生記者として警察取材に駆け回っていたときのことだ。

入社して一カ月ほどたったある夜、赴任したばかりの毎日新聞長野支局から約一・三キロ離れた県道で交通事故があった。オートバイと乗用車が衝突して、オートバイに乗っていた若い男性が死亡した事故だった。消防署からの一報をキャッチして、私が現場に向かった。

その当時、新人記者の重要な仕事に「警戒電話」というものがあった。数時間ごとに最寄りの消防署や警察署に電話を入れて、「なにか事件や事故は起きていませんか？」と聞く仕事だ。このときの一報も、警戒電話で情報を得たと記憶している。

衝突事故があった県道にはまだ救急車が到着したばかりで、警察による実況見分も始まっていなかった。道路上にはガラスの破片や衣服のような布地が散乱している。到着した救急車が人を搬送する気配はない。よく見ると、肉片とも見えるような赤黒い塊が散らばっている。かなり激しい事故だったらしい。オートバイの男性の身体は、一部が引きちぎられて現場に点々と落ちていたのだ。

こういう現場の詳しい様子は、たいていの場合、新聞記事には書けない。このときも、興奮して現場から戻った私に課せられた仕事は、県版の事件・事故原稿、いわゆるベタ記事を書くことだった。紙面事情次第では、新聞に載らないことさえあるような小さな記事だ。現場の衝撃的な光景からすると、記事としてのその扱いはあまりに軽いもののように感じられた。

新聞紙面には、一面や社会面のような、いわゆる全国版（私たち記者は本紙と呼んでいる）と、県内のニュースだけを扱う地方版（いわゆる県版）がある。地方支局の記者にとって、日常の仕事は県版をつくる作業だ。社会面に自分の原稿が載るというのは、入社間もない記者にとっては文字どおりの大ニュースでもある。

どんなに小さな記事であっても、現場を見れば、短い原稿には収まりきらない様々な背景や人生があることに気づく。支局での「小さな現場経験」を経て、私は事故の背景や裏側を取材することの大切さを学んでいったように思う。

入社後、一年もたたないころの経験をもう一つだけ紹介したい。一九九二年三月のことだ。

私たち新人記者の大切な仕事に、警察回りとともに消防署回りというものがある。消防署員は火災の現場に駆け付けるのはもちろんだが、救急隊員として様々な事件や事故の現場にも立ち会う。もちろん、人の死の現場に居合わせることも少なくない。

あるとき私は、消防署回りで親しくなった消防署員に誘われ「一日救急隊員」を体験してみることにした。文字どおり二十四時間勤務を消防署員とともに過ごしてみるという「ベタ」な企画だ。消防署員と同じ「まかないメシ」を食べて、宿直部屋に泊まる。出動要請があれば救急車や消防車に乗って現場に急行する。

私が「救急隊員」として勤務した三月五日は「当たり」の日だった。少々不謹慎だが、警察や消防では事件や事故が多い日を「当たり」の日と表現する。私たち新聞記者も「おまえ、ツイてるな」とか「今年は当たり年だなあ」などと会話を交わすことがある。つまり大きな事件や事故にぶち当たったというような意味だ。

私が勤務した日は救急車の出動が多かった。しかも、人の命に関わる出動が続いた。まず昼ごろ、とある民家への出動があった。その家に住む男性が室内で首を吊っている現場だった。救急車が到着したときにはすでに男性の意識はなく、亡くなっているように見えた。

私にとって首吊りの現場はもちろん初めてだった。驚き、かなり気が動転したのを覚えているが、救急隊員は冷静だった。もう事切れているように見える男性に淡々と心臓マッサージを続けた。あとで理由を聞くと、「救急隊員は医者じゃないからね。勝手に死亡宣告はできないんだよ」という答えが返ってきた。「まだ生きている」という前提で心肺停止状態の人に心臓マッサージを続ける救急隊員の姿が目に焼き付いている。

夕方には、消防署から二十キロほど離れた国道で乗用車と大型トラックの交通事故が発生した。雨の降りしきる現場に着いてみると、乗用車はぐしゃぐしゃにつぶれていて、若い男性三人が外に投げ出されていた。うち一人は足からかなり出血していて、右耳が取れかかっていた。「痛い、いてぇよ〜」と大声を上げていた。救急隊員も耳元で大声を返した。「大丈夫だぞ。落ち着いて、暴れるな。大丈夫だから」

あとの二人のうち一人は腹を押さえていたが、意識ははっきりしていた。隊員の問いかけにもしっかりと答え、トラックの大きなタイヤを背もたれがわりにして上半身を起こしていた。もう一人は意識が混濁していて、震え続けていた。

隊員は応援を要請すると、傷が深そうな二人を救急車に乗せた。もちろん私も手伝った。酸素ボンベを運んだり、ストレッチャーの片側を押さえたり。本当は現場の写真を撮ろうと思いカメラを持ってきていたのだが、とても撮影する暇はなかった。というよりも、撮ってはいけないような気がして、シャッターを押すことができなかった。

病院に向かう救急車のなか、出血がひどい男性は鎮静剤で静かになっていた。すると、さっきま

接写望遠

消防署救急隊員 一日体験入隊

悲惨な現場でも冷静に対処

市民の生命と財産を守るため、日夜活動を続けている消防署員たち。現場で働く救急隊員たちは二十四時間体制で警戒に当たっているが、その仕事には多くの悩みもつきまとう。春の火災予防運動期間中の五日、長野中央消防署に一日体験入隊して、救急活動の現状を中心に取材した。（長野支局・斉藤信宏）

午前十一時三十五分、「男性が首をつった」との通報で出動。現場に着くと、男性はすでに息のない状態。隊員は約二十分間、懸命に心臓マッサージを続けた。結局、男性は息を吹き返すことなく死亡、痛ましい傷跡が首筋に残っていた。

隊員によると、現場到着時に患者の息がないというケースはかなり多いという。救急通報から現場到着までは最低でも五分かかる。この「空白の五分間」を埋めるのは、家族や周囲の人たちの「知識と訓練」だと言われている。心臓マッサージや人工呼吸などの応急処置こそ救命率向上の切り札であるらしい。

午後四時四十八分、「救急要請、長野町で交通事故発生」と放送が入る。飛び出す救急隊員に同行。

現場では、雨の降りしきる道路に、若者二人が横たわっていた。どちらも毛布を掛けられてはいるが、顔面蒼（そう）白。顔と手足が血に染まっている。道路わきの空き地にもけが人が一人。彼も血だらけの状態で、右耳が半分落ちかけている。

この悲惨な現場でも、隊員たちは動じることなく冷静に対処。「酸素、毛布」と指示する声が現場に響いた。

至急応援を一台頼み、とりあえず二人を車内に運び込み病院へ向かう。隊員の「名前は?」との問い掛けに返事が返ってこない。のどの震えで、かろうじて呼吸していると分かるが、手足は徐々に冷たくなっていく。隊員の顔に焦りの色が浮かぶ。

24時間の隔日勤務体制

隊員は何度も「前の車、左に寄ってください」とマイクで呼び掛けた。だが、隊員の声を無視して道路をふさぐ車は一台や二台ではない。そのたびに救急車は減速、病院到着が遅れる。

病院到着直後、患者の一人が暴れ出した。「腕を押さえてくれ」と言われて触れた指先は、すでに冷たくなっていた。

若者の死を知ったのは午後八時五十五分。もう一人の命は取り止めたものの、署内に重い空気が流れる。死と向かい合う仕事は厳しい。

消防署には、翌六日の午前八時半まで二十四時間、救急出動要請が十八件飛び込んできた。出動のたびに人命を預かることになる救急隊員。その精神的ストレスは計り知れない。勤務の合間には応急処置の指導訓練にも参加する。二十四時間の隔日勤務は過酷に見えた。

「一番ホッとできるのはこの瞬間です」。病人搬送後、消防署に戻る救急車の中で語った隊員の一言が、いつまでも頭を離れなかった。

応急処置の指導をする救急隊員。訓練参加も重要な仕事の一つだ＝5日、中部電力長野支店で

1日救急隊員の記事
「毎日新聞」長野県版1992年3月7日付

で意識が混濁していたもう一人の顔色が悪い男性が突然、暴れだした。すごい力だ。「そっち押さえて」。隊員から指示が飛ぶ。私も慌てて男性の肩を押さえた。「ちょっとチアノーゼが出てるな」。隊員がつぶやいた。見ると、足先が紫色に変色していた。

総合病院に二人を搬送して消防署で夕食を食べていると、ローカルニュースが流れた。先ほどの事故の様子を放送していた。三人はどうやら高校生だったらしい。うち二人が死亡したというニュースだった。亡くなったのは救急車内で暴れた男性と、意識がはっきりしていた、二台目の救急車に乗った男性だった。元気そうに見えた男性だが、車から投げ出された衝撃で内臓が破裂していたらしいとそのとき初めて知った。

ジャーナリストになると、初日から人の生死を分けるような現場に立ち会う可能性がある。警察官や消防署員にでもならないかぎり、ほかの職業ではなかなか体験できないシビアな現場だ。交通事故だけではない。川にあがった水死体や、殺人事件で産業廃棄物処分場に埋められていた腐乱死体まである。正直に言えば、遺体を見たいとは思わないし、腐乱死体のあの臭いだけは二度と嗅ぎたくない、とも思う。だが、私はそれでも「現場が記者を鍛えてくれる」と思っている。

世に出るニュースの多くがデジタルでの発信になったとしても、現場の様子だけは変わらないし、その大切さも変わらない。「現場に立ち、現場を見た者にしか書けない原稿がある」と私はいまでも信じている。

2 山道を運転する

新人記者として地方への赴任が決まると、まずやるべきことは、住む家を探すことと取材で使う車を確保することだ。「当たり前じゃないか」と思うかもしれない。だが、特に自動車の運転には気をつけないといけない。学生時代から運転していて慣れているつもりでも、仕事で乗るときには気の持ちようがまるで違うからだ。一刻も早く現場に到着しないといけなかったり、デスクに呼び出されて気がせいていたりする。地方によっては雪道での運転が待ち受けている支局もある。

入社して三カ月が過ぎたころのことだった。その日は日曜日。まだ長野県版のアタマを書いたことがなかった私は、少々あせっていた。「アタマ」とは、その面で一番大きな扱いの記事のことを指す。例えば一面の題字脇の最も目立つ記事が「一面アタマ」だ。先輩記者から「田舎の駐在所を回るとおもしろいネタが落ちていることがあるぞ」と言われ、長野市に隣接する鬼無里村（現在は合併されて長野市）に出かけた。

隣といっても自動車で四十分ほどかかる。一応、国道が通っているのだが、起伏が激しく、対向車とすれ違うのにも苦労するような、カーブが多い狭い山道だった。

慣れない山道に冷や汗をかきながら、ようやく村の中心部にたどり着いた。「こんにちは」と声をかけ、駐在所の引き戸を開けると、三十代くらいの男性警察官が出てきた。家族で住んでいるという。地域社会に溶け込むためなのだろう。駐在所にはたいてい家族向けの住居が併設されていて、多くの警察官は家族で赴任していた。

「よくこんな山奥まで。さあ、お茶でもどうぞ」と親切だ。「まだ長野に来て三カ月で、いろいろ勉強中なんです。とにかく休みの日にいろんなところに行ってみようと思いまして」などとよもやま話を交わす。そのうち「最近なにか変わったこととかありませんか?」と聞くと、「ああ、そうだねえ。変わったことっていえばサルかなあ」と話し始めた。「サル? サルがどうしたんですか?」。私はネタに飢えていた。

「ここから五キロぐらい先の集落でサルが畑を荒らすって騒ぎになってるんだよ」。おもしろそうだ。さすが地元の駐在だ。地域のたいがいのことは耳に入ってくるのだろう。「地元の人に聞いてみたら? 駐在に聞いたって言えば教えてくれるよ」とやさしい。

私は早速、現場とおぼしき場所まで行ってみた。当たり前だがサルは見当たらなかった。畑作業中の男性に声をかける。「サル? こんな日中には出てこないよ。朝はや〜くに出てくるんだ。気づいたら畑を荒らされてる」という答えだった。

サルの姿は見られなかったが、「鬼無里村でサル騒動」で県版アタマの記事になるのではないか、とワクワクしながら週明けにデスクに相談した。「そりゃあさあ、サルの写真がないと厳しいだろ」。デスクはつれなかった。先輩たちは「朝、四時起きだな。望遠レンズは持ってるか?」などとおもしろそうにアドバイスしてくれた。

翌朝、私は午前四時過ぎに家を出た。日が長い季節だったが、それでもまだ薄暗かった。鬼無里村への山道をヘッドライトをつけて走る。しばらくして、ふとメーターを見るとガソリンがほとんどない。戻ろうかと思ったが、戻ればサルの出現に間に合わなくなるかもしれない。迷った末、そのまま鬼無里村に向かうことにした。

村まで半分ほど来たところで警告ランプが点滅しはじめた。「まずい。この山奥でガス欠になったら」。助けを呼ぶにも、当時は携帯電話もなかった。山奥に公衆電話なんてあるはずもない。心細くなりながら、しばらく走ると民家が一軒見えてきた。

まだ午前五時前だったが、恐る恐る声をかけると、家の人はすでに起きて出かけるところだった。事情を話す。すると「ガソリンスタンドはしばらくないぞ。うちにあるのだったら売ってやってもいいけどなあ」と予想もしなかった答え。

「ほんとですか？　お願いします」。藁にもすがる思いで頼み込んだ。ガソリンは納屋からポリタンクに入れた状態で出てきた。五十代とおぼしき男性は、慣れた手つきで給油口にガソリンを注ぎ込んだ。どんなモノだったのか、いくら払ったのか、まったく思い出せない。

あとで先輩に話すと、「おまえ、無事でよかったなあ。ガソリンって揮発性が高いからものすごく危険なんだぞ」などと言われた。確かにガソリンは危険物だ。そのときは山の中だから備蓄していても不思議はないと思っていたが、考えてみると怖い話だった。

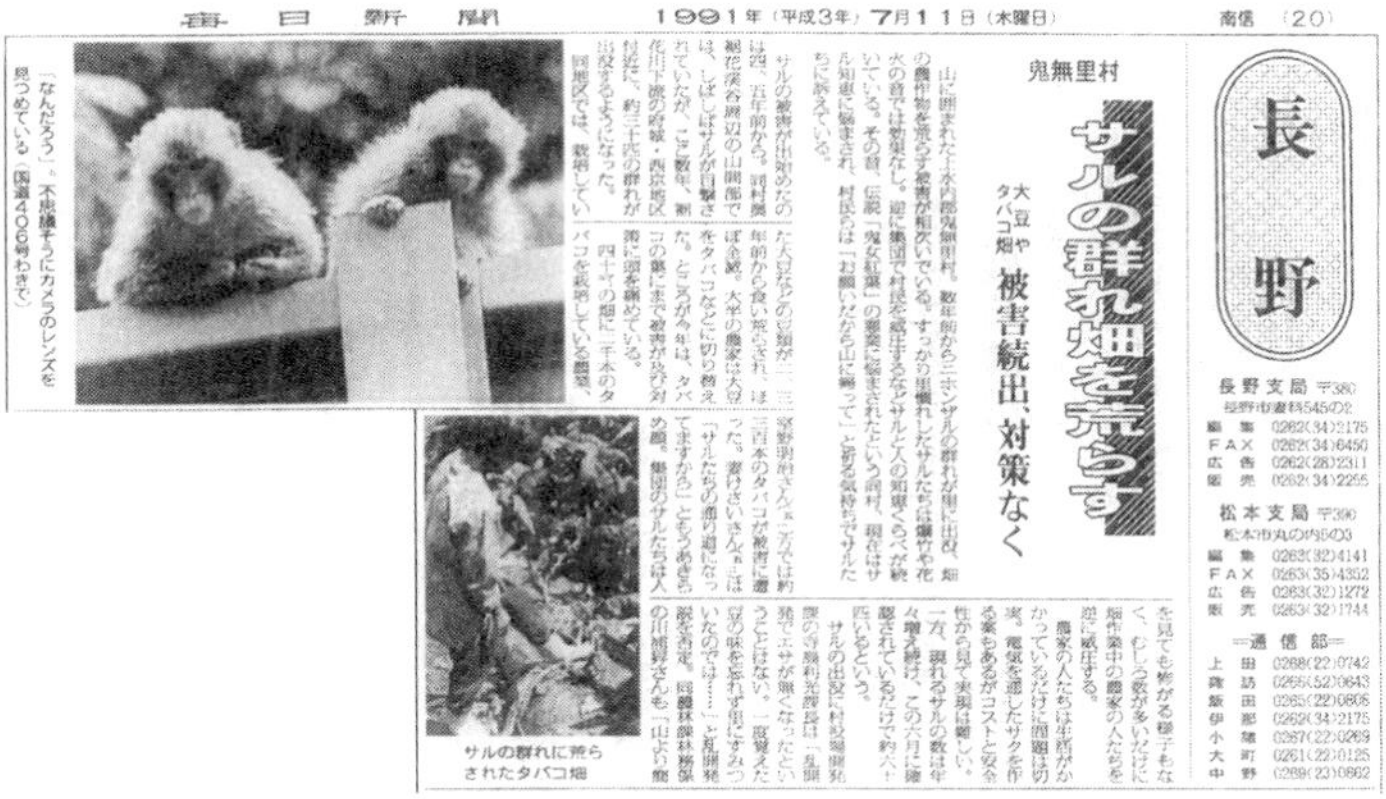

毎日新聞　1991年（平成3年）7月11日（木曜日）　南信　（20）

長野

鬼無里村

サルの群れ畑を荒らす

大豆やタバコ畑　被害続出、対策なく

「なんだろう」。不思議そうにカメラのレンズを見つめている（国道406号わきで）

サルの群れに荒らされたタバコ畑

長野支局　〒380　長野市妻科545の2
編集　0262(34)2175
FAX　0262(34)6450
広告　0262(28)2311
販売　0262(34)2255

松本支局　〒390　松本市丸の内5の3
編集　0263(32)4141
FAX　0263(35)4352
広告　0263(32)1272
販売　0263(32)1744

―通信部―
上田　0268(22)0742
諏訪　0266(52)0643
飯田　0265(22)0806
伊那　0262(34)2175
小諸　0267(22)0269
大町　0261(22)0125
中野　0269(23)0862

鬼無里村のサル騒動の記事
「毎日新聞」（長野県版）1991年7月11日付

現場には午前五時半過ぎに着いた。前回、話を聞いた男性の畑の辺りを行ったり来たりしてみたが、いっこうにサルの姿は見えない。寒くなってきたので車のなかで待つことにした。自動販売機で買ったコーヒーを飲みながらぼんやりしていると睡魔が襲ってきた。

ちょっとうとうとした。はっとして前を見ると、遠くの電線になにかがぶら下がっている。目をこらすとサルの群れだった。チビザルが楽しそうにぶら下がって電線を揺らしている。「いた！」。私は興奮した。望遠レンズをつかむと、とりあえず車から降りて少しだけサルに近づいた。夢中でシャッターを切る。

「少し距離が遠いな。車でもう少し近づくか」と戻りかけて、はっとした。カギをハンドルに挿したままだった。ドアはいつもの癖でロックして閉めていた。「インドアロック」だ。

若い世代の読者にはわからないかもしれないが、こうしてカギが閉まってしまうと、特殊な工具を使わないとロックの解除はできないのだ。結局、私は一時間以上もその場で、車か人が通るのを待ち続けた。午前七時過ぎ、ようやく近所の人が車で通りかかった。事情を話すと、そういうことに詳しい人を呼んでくれた。やってきた男性は薄い鉄板のような特殊な工具を使って、あっさりとドアロックを解除してくれた。

不幸中の幸いだったのは、人が通るのを待つ間に、サルの群れがどんどん私のほうに近づいてきて、狙ったとおりのアップの写真を撮ることができたことだった。

以上が、自動車にまつわる私の失敗談のごく一部だ。ほかにも物損事故は片手では足りないくらい何度も起こしたし、自分自身が怪我をするような事故にも遭った。くれぐれも自動車の運転だけは甘く見ないでほしい。

3 ネタを取る

「新聞記者には二種類の人種がいる」とよく言われる。片や文章がとても上手で、原稿で人を泣かせることができるような記者。もう一方は、原稿を書かせるとなにを書いているのかよくわからないのだが、とにかくネタをつかんでくるのが上手な記者。本来は両方できるのが理想なのだが、天は二物を与えず、だ。

では、「ネタを取る」とはどういうことか。経済部の記者として霞が関の官庁を回っていたころ、先輩によく「で、紙は取ったのか？」と尋ねられた。

「紙」とは、官僚が政策を立案したり、なんらかの報告をまとめたりするときに作る書類のことだ。本来は部外秘や局外秘の書類で、新聞記者などに中身を見られてはいけないものなのだが、この手の「紙」を取れるか取れないかが、記者の力量を測るバロメーターになる。「紙」は確かな裏付けになり、その「紙」をもとに特ダネを書くことができるからだ。

中央省庁の官僚も警察官も、みんな同じ人間だ。何度も顔を見せる熱心な記者、自分が捜査している事件や手がけている政策について深く勉強して理解している記者に対しては、つい口が緩む。なかには「よく調べたな。これは参考だぞ。絶対人には見せるなよ」などと言いながら、捜査資料や政策立案のための資料をこっそり見せてくれるネタ元もいる。

さらに言えば、警察官も役人も、「自分の仕事を世に広く、正確に知らしめたい」という気持ちを必ずどこかにもっている。記者会見で発表してしまえばベタ記事にしかならないネタでも、「特ダネ」として報じてもらえば、大きな見出しで新聞に載るかもしれない。取材相手のそんなプライドをくすぐることで、「紙」が手に入ることもある。

私は優秀な特ダネ記者ではなかったので、このような経験はほとんどないのだが、なかには大きな事件のたびに「紙を取ってくる」記者もいた。このレベルまでくると、どうやってネタを取るのか、どうすればそこまで強力なネタ元を作れるのか、後輩への引き継ぎは不可能だ。

記者それぞれが自分のネタ元を開拓し、自分なりの手法を確立するしかない。しかもネタ元は多かれ少なかれ自分が所属する組織の禁を破ってネタを教えてくれているわけで、場合によっては誰から聞いたのかさえ、自分の胸の中だけにしまっておく必要がある。

元新聞記者の作家・横山秀夫は、一九八五年夏の日航ジャンボ機墜落事故発生時の新聞社編集局を描いた小説『クライマーズ・ハイ』（文藝春秋、二〇〇三年）で、登場人物の一人、地方紙の社会部長にこう語らせている。

「国だ、世界だと相手がでっかくなったって、記者がやってる仕事はみんな一緒だってことだ。コツコツ調べ、コソコソ人に話を聞き、それだけだ。でっかい相手からネタを取ればでっかいニュースになるさ。だがなあ、でっかい仕事をしたわけじゃない。ちっぽけな相手から、ちっぽけなネタを取るのと同じ仕事だ」

ちなみに「地方紙」とは、全国の県庁所在地などに本社を置き、おもにその県内で新聞を発行している新聞社のことで、地元紙、県紙などとも呼ばれる。例えば、長野県には「信濃毎日新聞」という有力地方紙があり、私たち全国紙の新人記者は、「信濃毎日」の記者にしょっちゅう特ダネを抜かれていた。

小説のなかの社会部長は、「地元紙の記者も全国紙の記者もない。ネタを取る記者が優秀なんだ」という話をする際に、前記のように語ったのだ。「コツコツ調べ、コソコソ人に話を聞く」。まさにこれこそ「ネタを取る」という新聞記者の仕事の本質を突いていると思う。

ジャーナリスト志望の大学生から、よくこんな質問を受ける。「やっぱり夜討ち朝駆けってあるんですか？」。私はこう答えることにしている。「もちろん。そこでしか聞けない大事な話があるなら、どうしても聞きたいなら、相手に会える時間を見つけて聞きにいくしかないよ」

「夜討ち朝駆け」とは、昼間には人目があって取材できないような相手の自宅などに夜遅くや朝早くに出かけていって、帰宅時や通勤時にこっそり話を聞くという取材手法だ。

よく言われていることだが、この手法には問題も多い。そもそも好きでやっている記者はほとんどいないだろうし、取材先にとっても、夜、帰宅したときに玄関近くの暗がりから記者が出てきたら、明らかに迷惑だ。

自分の身に置き換えてみてほしい。一日の仕事を終えて、疲れて家に帰る。「ただいま」とドアを開けようとしたとき、脇から記者が出てくる。「すみません、「毎日新聞」の齊藤です」。こんな客を喜ぶ人がいるだろうか。十人中八人はいやな顔をする。見知っている相手だとしても、「なんだよ、なにしに来たの？」と問い返してくる。それでも私たち新聞記者は夜、ネタをもっている人の家に出かける。

なぜ、そうまでして取材するのか。なかなか説明は難しい。ただ、一つだけ確かなことは、私たちは「本当のことを知りたい」と強く思っているということだ。世の中の仕組みから政治の裏話、社会の底辺の現実や事件の裏側にある社会問題まで、「知りたい」と思う気持ちが、記者を突き動かしているのだと私は思っている。

政府も警察も東京地検も、記者会見で発表したことがすべてだと思ったら大間違いだ。なにか大事なことを隠している可能性を常に考えなければならない。本当のことを知りたければ、捜査員や官僚など昼間の役所では話しかけられない人にこっそり話を聞く必要がある。

私にもかつてそういう相手がいたが、ネタを教えてくれる相手に役所で会ったとき、わざと素知らぬふりをすることがある。それが礼儀なのだ。繰り返すが、情報を教えてくれる人は、公務員としての立場を考えれば、なんらかの守秘義務違反にあたる行為をしていることになる。

最近なにかと記者の姿勢がやり玉に挙げられる場に、記者会見がある。安倍晋三前首相の記者会見が最たるものだが、ＳＮＳ（会員制交流サイト）上では「記者の突っ込みが甘い」とか「もっと聞きたいことをはっきり聞け」「政権に忖度しているのか」などといった批判がたくさん書き込まれる。だが、実際にはあのような衆人環視の下で本当のことが聞けるものだろうか。

もちろん首相会見であれば、首相自身に答えを求める数少ない機会なので、ずばり質問をぶつける価値はあると思う。その質問に対して首相が気色ばんだり言いよどんだりすれば、なにかを隠しているからかもしれない。しかし記者会見とはそもそもが「作られた場」でしかない。いくら会見の場で首相を攻め立てても、得られる情報は限られている。

相手の本音を本気で引き出そうと考えるなら、しっかりと人間関係を構築して、「この記者だったら自分のことをわかってくれる。信頼できる」と思ってもらうことがなによりも大事だ。

初めて会った人と名刺を交換し、「よろしくお願いします」とあいさつをした直後に込み入った質問をしても、本音を話してくれる人はまずいないだろう。自分のことを相手にわかってもらい、相手のことも深く理解したうえで話を聞いてこそ、「実はここだけの話なんですけど」というような内緒の話も聞けるというものだ。

そして、本当に大きな特ダネを書くときには、相手に迷惑がかかることも覚悟しなければならない。ただ、ネタ元が誰なのか周囲に知られないように注意を払い、ネタ元を守ることにだけは十分に心を砕かなければならない。

聞いた話を原稿にすることで、何人もの人生を大きく変えることになるかもしれないネタもある。それでも書かなければならないネタであれば、その重みをすべて自分で受け止めて、「それでも書く」という覚悟が必要になる。

4 組織を知る

「ネタを取る」ための重要な基本動作として、「組織と人事を知る」という作業がある。

取材相手が政治家、官僚、会社員、警察官などなんらかの組織に属している人だとしたら、相手が所属する組織のありようから人事の決まり方までを徹底的に調べるというのはとても大切だ。どんな組織に属している人でも、大きな関心事の一つに自分や同僚、上司の人事がある。次の自分の勤務地はどこなのか、自分は昇進するのかしないのか、部署が替わるのか、など気になることは多い。

政治家であれば、次の内閣改造で誰が大臣になるのか、自分はどうなるのか、といったことは最も気になる情報だ。たいがいの人はこうした情報に対し、表向き「そんな、私なんてどうなってもいいんですよ」とか「人事の話なんて興味もっても仕方ないよ」などと無関心を装う。ところが実際には、ほとんどの組織人が人事に興味津々なのだ。

私たち記者にとって、コソコソと話を聞く格好の材料が組織の話であり、人事の話だ。逆に組織や人事について詳しく知っていれば、ひそひそ話をできる機会も増える。

私にとっても「人事取材」は思い出深い取材の一つだ。

長野支局に赴任して二年が過ぎようとしていた一九九三年三月。私は長野県警担当のキャップとして警察取材を任されていた。キャップとは「班長」のような存在で、ここで言えば、私は長野県警を取材する三人の記者のチームリーダー的な存在だったということになる。

とはいっても、入社三年にも満たない若造だ。他紙の県警キャップはといえば経験豊かなベテラン記者ばかり。なかには東京の社会部で警視庁担当を務め上げたあと、後輩の指導のために支局にやってきたという入社十年前後のこわもての記者もいた。案の定、私は特ダネ競争で負け続けることになるのだが、一度だけ他社に一矢報いたことがある。それが「県警の人事報道」だった。

私は一九九三年の年明けから、暇を見つけては支局の資料室にこもり、過去記事を徹底的に調べた。十年ほどさかのぼって県警の人事異動の発表記事を細かくチェックした。人事異動の記事というのは、学校の先生の人事異動記事を想像してもらうとよくわかる。名前と新しい肩書、古い肩書がずらっと新聞紙面に載る、あの記事のことだ。

私は過去の記事とにらめっこしながら、どこの警察署の署長が歴代どんな人だったのか、県警本部のある部署に異動になった人は直前になにをやっていた人なのか、などを徹底的に調べた。

縁がないとわかりにくいかもしれないが、警察の組織には階級がある。階級は、署長や課長といったポストとは別物なのだが、階級が上がらないと幹部にはなれない。階級は下から巡査、巡査長、巡査部長、警部補、警部、警視、警視正と続き、長野県警の場合、いちばん上の県警本部長が警視正の一つ上の警視長だった。ちなみに東京都の警視庁のトップは警視総監。警察組織で最も上の階

ながの　　1993年（平成5年）3月5日（金曜日）　　南信　　20

春の定期異動大幅に　県警

幹部級内定へ

刑事部長に中村警備部長

町田長野中央署長、交通部長へ

県警は近く春の定期異動を発令するが、今年は警視正二人、警視三人の幹部五人の勇退が内定しており、これに伴い部長三人と県内二十五署のうち十二署長が交代する大幅な異動となりそうだ。また警備部に参事官ポストを新設、警備二課長と兼任して警備・警護の充実を目指す。また、警視ポストを一九九六年までに三十一増やして百十一とすることにしており、今回の異動で警視を六人増やす予定。

長野中央、松本両署で組織改革

永野　国夫氏　町田　巻雄氏　中村　守氏

今回勇退する警視正クラスは遠藤定彦刑事部長と高橋誠交通部長の二人。刑事部長の後任には中村守警備部長、交通部長には町田巻雄長野中央署長の起用が確実視されている。警備部長の後任は宮沢彰松本署長、長野中央署長には永野国夫警務課長の起用が有力だ。また、松本署長には田中一次警察学校長が有力とされている。塩沢良司防犯部長は地域警察の刷新を推進するため留任となる。

警視クラスでは、警察学校長の後任に岡本武交通安全センター署長が有力。また、警務課長には和田憲二監察課長と浅岡俊安諏訪署長の名前が挙がっており、注目の警備二課長にもこの二人のうちどちらかの起用が有力視されている。

一方、交通安全センター署長には久保秋雄情報管理課長、監察課長に中島泰彦長野南署長、諏訪署長には土屋仁防犯課長らの名前が挙がっている。

高速道開通と長野五輪開催に向けて拡充を進めている長野南署長には唐木正孝交通企画課長、同課長の後任には近藤清一郎総務課長などが有力。防犯課長には柳沢惇伊那署長を起用する可能性が高まっている。

総務課長の後任には金子稔須坂署長、小池英雄鑑識課長、渋谷六郎交通指導課長らの名前が挙がっているが、まだ流動的な要素を残している。

県警は、今回の異動で長野中央署、松本署の組織改革にも着手しており、これまで刑事課と交通課に置いていた管理官を廃止して、刑事、交通、地域の各課に警視クラスの課長を配置する。また四科、須坂の二署と免許課、地域課の次長を警視にするほか、本部から約三十人が直轄機動係として一線署に派遣されることになっており、これまで派出所、駐在所員が兼務していた音楽隊も同係に入る。

県警では一線署長の人事について「地域に密着した警察署を目指す」との方針から二年ごとの交代を慣例化していく方針。今回の異

長野県警の人事情報を抜いたときの記事
「毎日新聞」（長野県版）1993年3月5日付

級だ。県警本部長は、全国の警察組織の総元締めの中央官庁・警察庁から異動してくるいわゆるキャリア官僚で、長野県警採用の、地元の警察官としての最高位は警視正。警視正のポストは刑事部長や長野中央署長などごく少数だった。

私は過去の異動記録を年ごとに整理して一覧表を作った。すると、いくつか規則性のようなものが見えてきた。その規則性を現在のポストに当てはめて春の人事異動を大胆に推理してみた。そして、その紙を持って県警のある幹部のところに夜回りに行ったのだ。幹部は私が差し出した紙を見るなり、にやりと笑い、家に招き入れてくれた。のちにこの幹部は「いまどき、人事を調べる記者がまだいるんだなあと、あのときはちょっと驚いたよ」と私に話してくれた。「へえ、こんな記者いるんだなあ」という気持ちが、幹部から漏れた笑みの理由だったようだ。私にとっては、このうえない褒め言葉になった。

いま思い返してみると、彼がそのときなにか確定的なことを教えてくれたわけではなかった。ただ、私の「人事構想」を聞いて、警察組織の常識や階級とポストの関係などを例え話を交えながら、話してくれた。そこで聞いた話は、警察という組織を知るうえでは非常に貴重な、参考になる話だったのを覚えている。

新聞記者は、社会部でも政治部でも経済部でも「人事を抜く」ことを高く評価する傾向にある。取材対象の組織のことを詳細に調べ、深く知らなければ「人事を抜く」ことはできないからだ。逆に人事を抜ける記者のもとには様々な情報が集まってくる。さらに言えば、組織や人事を知るのは人事で特ダネを書くのが目的ではない。「人事情報を細かく知っている記者」として、取材相手に一目置いてもらうことが目的だ。

このようなことを話すと、取材対象に取り込まれているのではないか、という指摘をよく受けるのだが、これも違うと思う。私たちジャーナリストは取材対象を詳しく知ることで、組織の欠点や内部告発者を探す手がかりも得ている。

警察も財務省も首相官邸も、まずは組織を知るために懐に深く入り込み、そのうえで不正を見つけたときには世に広く問う。これこそジャーナリストの仕事だ。組織に近づかずに遠くで批判しても、その組織の本当の問題点は見えてこない。

組織のなかの人と深く付き合い、人事情報にまで詳しくなることで、その組織が抱える本当の問題が見えてくるということを忘れてはならない。

第2章
なぜジャーナリストになったのか

1 国境へのこだわり

私の新聞記者としての原点は、学生時代の旅行で越えたいくつかの国境にあったのかもしれない。最近よく、そんなことを考える。国境を越える際に感じた緊張感や、越えたあとに目に入った真新しい世界のことが、いまでも深く記憶に刻まれているからだ。

一九八八年五月、私は大学を休学して旅に出た。横浜港から旧ソビエト連邦（現在のロシア）のナホトカという港町に向かう船に乗った。その後の十カ月間、アジアからヨーロッパまで旅を続けたが、私は陸路での国境越えにこだわった。人間が自分たちの都合で勝手に引いた線のこちら側とあちら側で自然の景色は変わらない。なのに、町の風景は大きく違って見えた。匂いや色も違った。そんな風景の変化の不思議さに魅力を感じたのだ。そしてなによりも、人の往来。国境付近で暮らす人たちのたくましい姿が新鮮だった。

2 シベリア鉄道で越えた国境

最初に陸路で国境を越えたのは、日本を出て約三週間後、旧ソ連バイカル湖畔のイルクーツクからシベリア鉄道に乗り込み、中国に向かったときだった。当時、シベリア鉄道は、モンゴル人民共和国の首都ウランバートルを経由するルートか、ソ連と中国が国境を接するザバイカリスク・満州里を越えるルートのどちらかで、終着駅の北京までつながっていた。私が乗った寝台列車は、ザバイカリスク・満州里を抜けて北京を目指した。

列車の座席はコンパートメント形式で、私の部屋は二段ベッドが二つある四人部屋だった。北京までは中ソ国境を越えて三泊四日の旅程だ。同じ部屋には、大きな荷物を抱えた中国人のおばさんと、どこから来たのかよくわからない男性、それにバックパッカーのオーストラリア人男性がいた。肌の色は違うが、少し年上で同じようなスタイルの旅行をしているオーストラリア人マイケルに私はすぐ親近感を覚え、よく話をした。だが、長時間の列車旅で同じ相手と話し続けるのは退屈だ。しかも英語ネイティブのマイケルと英語で話すのは疲れるし、会話するたびに語学コンプレックスにさいなまれる。

慣れてくると、私は国籍不明のおじさんとも会話するようになった。共通言語は基本的に英語だが、おじさんにわかる単語は多くない。だからこそ話しやすかった。

このおじさんには十四歳の娘がいた。隣の部屋にいて、しょっちゅう部屋を行き来していたが、よく聞くと二人旅だと言う。娘は色白で身体が細く、おじさんの日焼けしたアジア系の顔立ちとはまるで違っていた。あとで聞くと、母親がスラブ系のロシア人だということだった。

「どこから来たんですか?」。私はおじさんと娘に聞いてみた。「タジキスタン」。最初は聞いたことがない地名に戸惑い、持参していた『常用世界地図帳――コンパクト・アトラス・ワールド』(平凡社、一九八五年)を取り出した。おじさんが指さしたのは中央アジアの一角だった。タジキスタンはいまでこそ、タジキスタン共和国として独立しているが、旧ソ連崩壊までは連邦の一部、タジク・ソビエト社会主義共和国で、正式な国家ではなかった。

車窓から見たシベリア鉄道(筆者撮影)

「どこに行くの?」と聞くと、娘が「お父さんの実家」と答える。「お父さんの実家はどこ?」と私が聞く。娘は「イーニン」と、中国・新疆ウイグル自治区の町・伊寧の名前をあげた。

実はこれだけの会話を交わすのにざっと半時間ほどかかっている。なにしろ私は数字とあいさつぐらいしかロシア語がわからない。親子が英語で理解できるのはいくつかの単語だけだ。娘は「イーニンはグルジャのこと。グルジャからアルマアタは近いけど国境が閉まってるから通れない」と説明した。おそらく言語能力が高いのだと思う。娘が話す短いフレーズの英語でなんとなくイメージだけはつかめた。

私たちの会話に中国人のおばさんが加わってきた。この女性、実はバイリンガルで、中国語とロシア語を話せる、ように私には見えた。女性と私は紙に漢字を書き合う「筆談」で意思疎通し、親子が話す内容を女性が私に〝通訳〟してくれた。ここまでに約二時間。話は真っすぐには進まない。脇道にそれたり聞き返したり。でも、私たちには有り余るほどの時間があった。

そうこうするうちに、私にもこの親子の長距離旅行の中身がおおよそわかってきた。二人はタジク・ソビエト社会主義共和国のレニナバード（現在のホジェンド）という町に住んでいて、母親、つまり男性の妻は家で留守番している。男性の実家が中国・新疆ウイグル自治区の町・伊寧市にある。中国とソ連の対立で中央アジアの国境が閉鎖されているため、男性と娘はわざわざシベリア鉄道で五泊六日かけて北京まで移動し、そこから五泊六日の列車旅で伊寧市まで行くという。

「なんという壮大な話なんだ」。私は感じ入った。寝台列車で十連泊して父親の実家に帰る親子。その距離たるや、ざっと見積もって九千キロ。ところが直線距離にすると男性の自宅から実家まではわずか八百キロなのだ。たまたま当時は伊寧―アルマアタ（現カザフスタン共和国アルマトイ）間の国境が閉じられていたために、親子はスケールの大きな遠回りをして父親の実家に里帰りする途中だったのだ。私が最初に「国境」を強く意識したのはこのときだった。

翌日、私たちを乗せた列車は中国とソ連の国境の町ザバイカリスクに到着した。出入国管理事務所（イミグレーション）で順番に出国手続きを終えると、税関の職員が列車に乗り込んできた。私やオーストラリア人男性の荷物は形式だけの検査で終わったが、バイリンガルの中国人女性へのチェックは入念だった。

税関職員は二段ベッドの上に据えられた棚から荷物を下ろそうとする。女性は「自分で下ろす」と譲らず、小競り合いになった。すると、なにかの拍子に荷物脇のポケットからアメリカ・ドル紙幣が束で落ちてきた。女性はなおもロシア語でなにか叫んでいたが、税関職員は応援にきた女性職員を交えて、女性の荷物を徹底チェック。荷物からは貴金属やロシアのルーブル紙幣まで束になって出てきた。様子をじっと見ていた私のほうを振り返り、ロシア人職員は「ほら見ろ」と得意げに貴金属を見せたのだった。

女性は列車から降ろされて、荷物を部屋に置いたままでどこかに連れていかれた。少し心配になったが、一時間もすると戻ってきた。意外にケロッとしている。あとで聞くと「毎回のようにあること」というような意味の簡体字を紙に書いて見せてくれた。

女性はいわゆる「担ぎ屋」（運び屋とも言う）だった。大量の荷物を担いで国境を越え、中国で安く仕入れた品物をソ連で高く売る。帰りには、稼いだお金でソ連の安い貴金属や土産品を買い込み、中国で高く売りさばく。国境を越えてしょっちゅう行き来しているので、税関の職員にも当然にらまれる。だが、逆に顔見知りの親しい職員もいるのだろう。現にたいしたおとがめもなく部屋に戻ってきた。

この女性のような担ぎ屋たちに私はその二年半後、台湾の基隆から沖縄県那覇市までの国際フェリーでも出会った。日焼けした恰幅がいい女性たちの四人組だった。基隆港を出るときには話している言葉が何語なのかわからなかった女性たちだが、船内でパスポートを見せてもらうと、意外にも日本のパスポートだった。「私たちは四カ国語話せるの。大和言葉とウチナー言葉、台湾の昔からの言葉に北京語」とシークワサー入りの泡盛を豪快に飲みながら話してくれた。パスポートには、日本の入国スタンプと出国スタンプが無数に押されていた。

シベリア鉄道の話に戻ろう。ソ連側と中国側では、国境を監視する警備兵の表情もまるで違っていた。ソ連側の国境線近くにさしかかったとき、私たちは車窓から手を振った。ソ連兵はちらりとこちらを見たが、ほぼ無表情。ところが中国側の警備兵は、私たちに笑顔を向けて大きく手を振り返してきたのだった。同じ車両の欧米人たちは「チャイニーズスマイルだ」と大喜び。私も、窮屈だったソ連の空気が国境を越えて一変したように感じてうれしくなった。

国民性なのか、気候のせいなのか、ロシア人は初対面ではあまり笑顔を見せなかった。それに比べて中国人は初めて会ってもにっこり笑う。同じモンゴロイドだから私がひいき目でそう感じただ

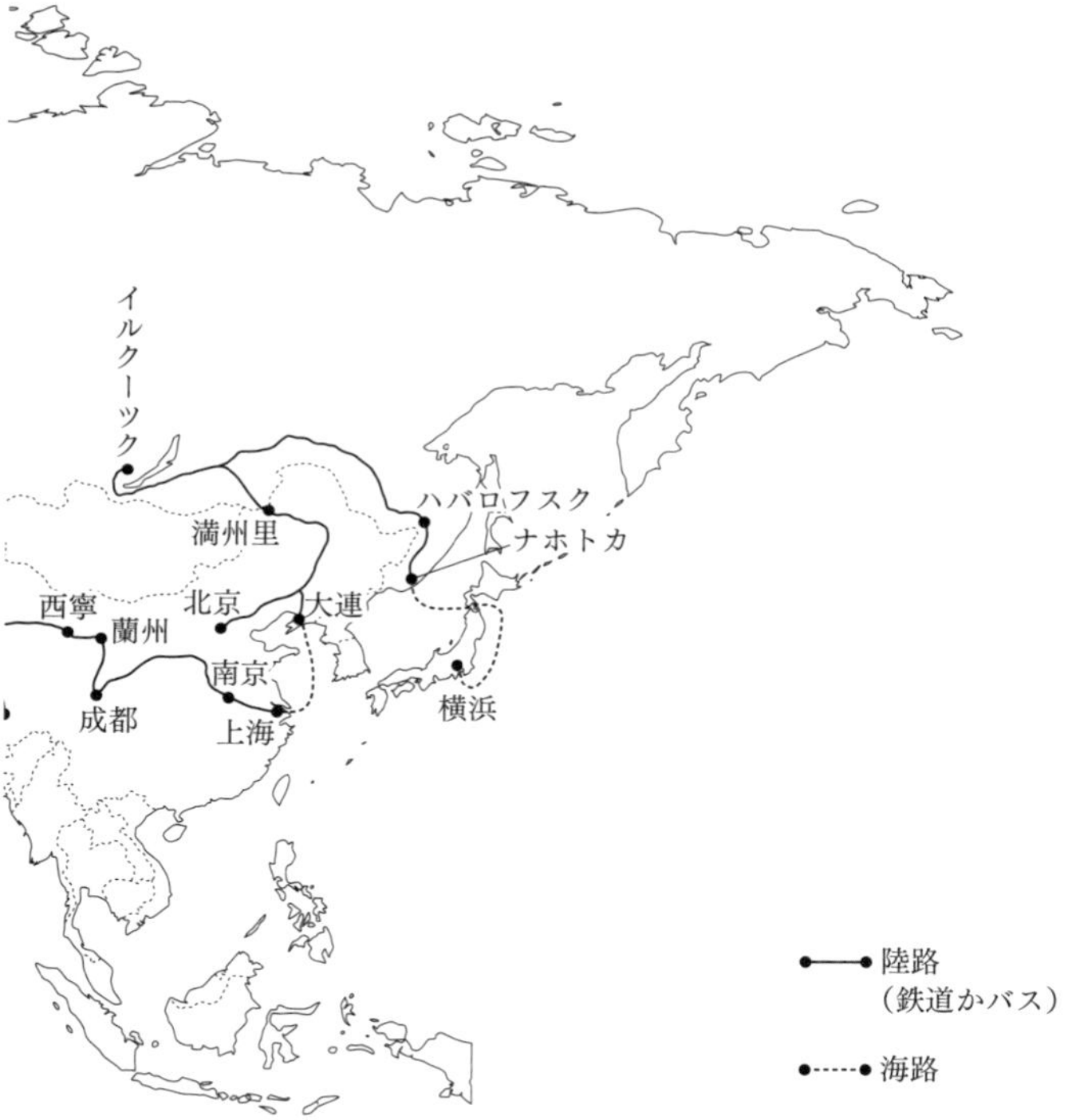
イルクーツク
満州里
ハバロフスク
ナホトカ
西寧
蘭州
北京
大連
南京
成都
上海
横浜
陸路
（鉄道かバス）
海路

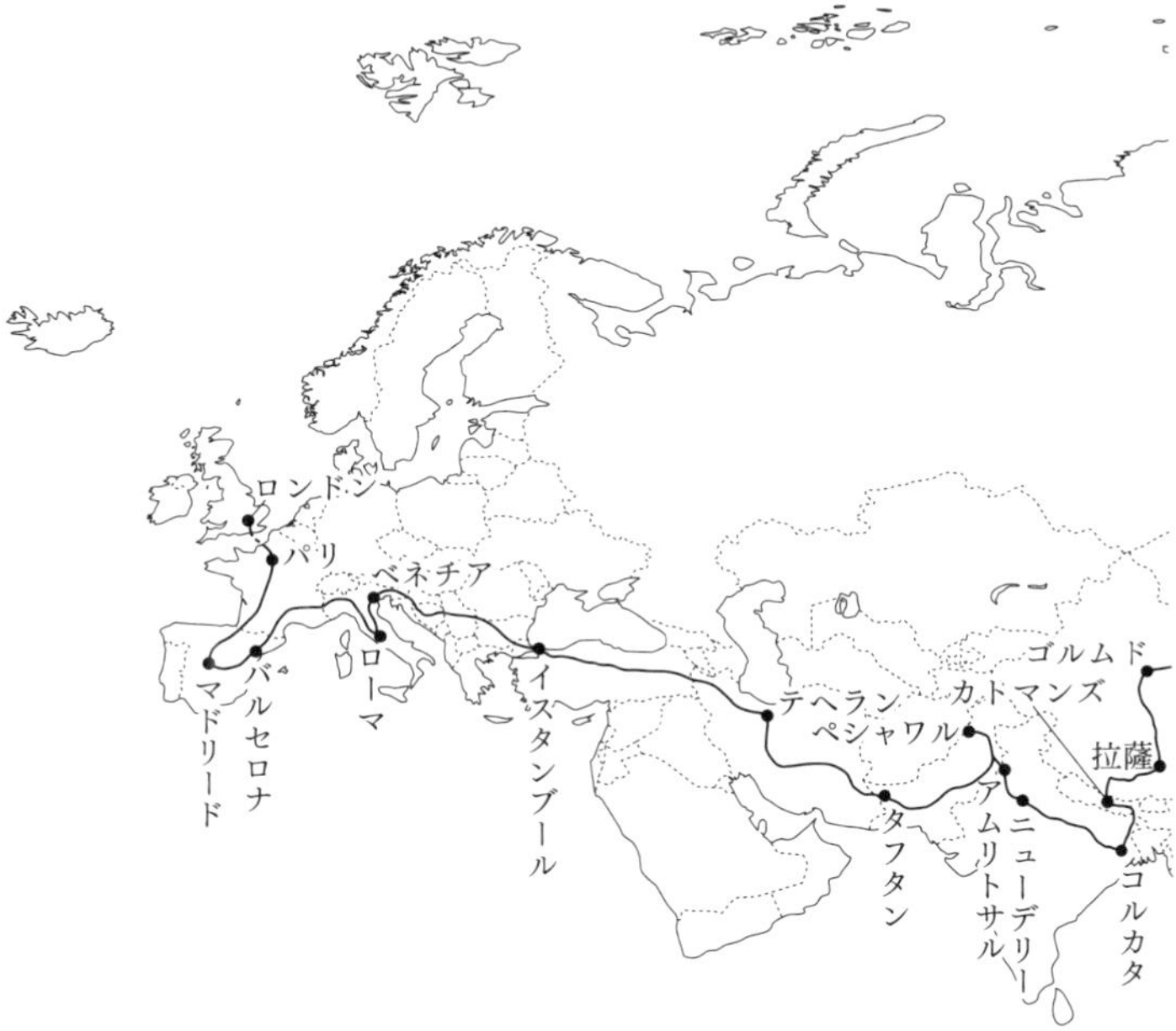

横浜港からロンドンまでの大陸横断の旅程

けかもしれないが、中国の第一印象は決して悪くなかった。

翌日、私が乗った寝台列車は終着駅の北京に着いた。同じ部屋のオーストラリア人マイケルは、私と同じ安宿・僑園飯店に泊まる予定だという。「では、一緒に行こうか」という話になり、タジキスタンから来た親子やバイリンガルの中国人女性に別れを告げて駅を出た。

一歩外に出ると、私とマイケルの立場がすっかり逆転していることに気づいた。それまで英語で会話をしていたためか、常に彼が会話をリードしていた。ところが、駅の外は完全な漢字の世界。マイケルは戸惑い、私の後ろを歩くようになった。

途中で腹が減ったので水餃子の店とおぼしき食堂に入った。当然だが、店の看板もメニューもすべて漢字で、私はマイケルにメニューの中身を説明しながら、少し優越感に浸った。私は、日本が漢字文化圏であることを少しだけ誇らしく思った。そして、言語が人間の心理に与える影響や、人種、民族、世界の歴史について、様々なことに思いをはせた。

3 中国（チベット）とネパールの国境

陸路で越えた二つ目の国境は、中国とネパールの国境だった。そこで見た不思議な光景も、標高差に伴う気温や湿度の劇的な変化とともに鮮明に思い出すことができる。

私を荷台に乗せた四トントラックは、一時間のうちに一気に標高四千メートルの高地から標高千メートル前後まで駆け下った。その距離約三十キロ。舗装もされていないデコボコの山道だ。座っているだけで尾骶骨が鈍く痛む。幌がかかった荷台から後ろを見ると、つい三十分前まで岩と砂と青い空ばかりだった景色は、いつの間にか灰白色の雲と濃霧、深緑色の森に変わっていた。カサカサと乾燥していた空気も、じめじめした熱帯雨林のそれに変わった。

一九八八年八月初めのことだった。私は中国チベット自治区から隣国ネパールとの国境に向かっていた。旅の道連れは六人。いずれも香港人。みな同世代だ。私は彼らから「ノブ」と呼ばれていた。いちばん仲がよかったのは「ケン」。もちろん本名ではない。

中国返還前の香港では、子どもたちは小学生のころから、イギリス人教師に英語名で呼ばれていた。彼らは仲間内でも本名と英語名を巧みに使い分けていた。私と話すときには、互いに英語名を呼び合っていた。私に気を使っていたのだろう。

香港人と一緒だったのには理由があった。当時はまだイギリスから中国への返還前だったが、彼らのパスポートは中国国内では「同胞」としての特権をもっていた。その力は絶大で、外国人の滞在が厳しく制限されていたチベット自治区の田舎町でも、私が公安（中国の警察）に誰何（身分確認）されることなく過ごすことができたのは、彼らのおかげだった。つまり私は、ケンとその仲間たちと知り合ってから、彼らの庇護の下で旅を続けていたのだ。

霧が立ちこめる中国とネパールの国境付近（筆者撮影）

私がケンと知り合ったのは、甘粛省蘭州市から青海省西寧市に向かう列車のなかだった。ケンには英語名ケントという香港人の連れがいた。たまたま座った席が近く、お互い同世代のバックパッカーということもあり、席を移動して話し込んだ。

香港の若者が中国のことをどう見ているのか。私は気になっていたことを聞いてみた。すると、逆に「ノブは何人？」と聞かれた。「そりゃ、日本人でしょ」と答えると、彼は寂しそうに「それが僕らはうらやましいんだよ」と答えた。

「僕らは何人だと思う？」。そう聞かれて、返答に困った。パスポートはイギリスのものだが、イギリス人とは言いきれない。では、香港人なのか。いや、香港は都市の名前にすぎない。じゃあ、中国人なのか。ケンは、「それを確認するために僕ら香港の若者はいま、中国大陸を盛んに旅行してるんだよ」と話した。

私は知的な雰囲気をもつケンとすっかり仲良くなり、チベット行きのバスが出る小さな町ゴルムド市から行動をともにした。「香港人のふりをしたほうがいい」と教えてくれたのもケンだった。

ケンはチベット自治区最大の町・拉薩市で友人の香港人と合流した。人数は増えたり減ったりしたが、ネパールとの国境を一緒に越えたのは六人だった。

ネパールとの国境に向かっていたトラックは、八月十一日の午後、国境の町・樟木近くで私たち一行を降ろした。すでに運賃は渡してあった。チベット自治区第二の町・日喀則から国境まで二泊三日で運んでもらって一人五十元。当時はとんでもなく高いと思ったが、相場がいかほどだったのか、いまとなっては判然としない。

トラックを降りた私たちは、荷物を背負って急な斜面のつづら折りの道を歩いて下った。前日までは乾燥した硬い地面ばかり歩いてきたが、この日の道はぬかるんでいる。ところどころ、焦げ茶色の土がとぐろを巻いたようになっていて、へたに足を乗せると靴が抜けなくなりそうな泥道だ。谷は深く、家が山の急な斜面にへばりつくように立っている。谷底から湿った空気とともに霧が間断なく立ち上ってくる。生ゴミのような臭いが辺りに漂う。どこまで降りても、霧が深く、谷底は見えてこない。トラックの運転手によると、国境はその谷底にあるらしい。フレンドシップブリッジ（友誼橋）という名の石の橋が、中国とネパールの国境だという。

私はひそかに緊張していた。国境の入管（出入国管理事務所）では、私が香港人ではなく日本人であることを隠せないからだ。「もしかしたら、私だけが国境を通過できず、一人取り残されるかもしれない」。そんな想像が頭にちらついた。

4 資本主義と社会主義

緊張しながら差し出したパスポートに、中国人の入管職員はいとも簡単に出国スタンプを押してくれた。一緒にいた香港人たちはわがことのように喜んでくれたが、私は拍子抜けした。

いよいよ国境の橋だ。行ってみると、フレンドシップブリッジの左岸と右岸ではけっこう多くの地元の人たちが自由に行き来していた。わずか三年前、一九八五年に開いたばかりの国境だと聞いていた。「なぜ、地元の住民はフリーパスのように行き来しているのか?」と不思議に思った。橋の辺りをうろうろする人たちに事情を聞いてみたかったが、重い荷物を背負ったまま久しぶりに感じた強烈な湿気で疲れきっていた私は、ネパール側の宿場町タトパニの宿に着くや倒れ込むように寝入ってしまった。結局、国境を行き交う人の謎は解けないままだった。

国境を越えたことを実感したのは翌朝、日本を出てから初めて冷えたコカコーラを飲んだときだった。ネパールに入ってみると、山奥だったにもかかわらず、小さな売店で売っているチョコレートや飴、清涼飲料水などの種類が日本と同じように豊富だった。

当時の中国は、鄧小平の改革開放政策が始まってまだ十年しかたっていなかった。いまでは想像もできないと思うが、当時は、日本にあるようなお菓子や清涼飲料水が中国では手に入らなかった。

「北京にケンタッキーフライドチキンの中国一号店ができた」ことが大ニュースになった時代だ。

しかも社会主義国の中国ではサービスという概念がほぼ存在せず、店で買い物をするのもひと苦労だった。店員の機嫌を損ねようものなら、買いたいものが手に入らない。「没有了（ないよ）」と店員が言うと、目の前にあるのがわかっていても売ってもらえない。

特に鉄道の切符を購入するのは至難の業だった。長距離の寝台列車の切符ともなれば超入手困難だった。移動のための切符を買うだけで一日仕事になる。うまくいかなければ二日三日と駅に通い詰めなければならなかった。しかも駅に行けば、いつも切符売り場の窓口は長蛇の列だ。横から割り込んでくる人間も多く、常にどこかで言い争う声が聞こえていた。二時間も並んでようやく自分の番が回ってきても、切符売り場の職員が昼休みに入れば、窓口は無情にもぴしゃりと閉められた。職員ともめるのはご法度だ。機嫌を損ねると窓口を閉めてしまうので、後ろに並んでいる人たちに恨まれ、罵声を浴びせられる。理不尽を絵に描いたような世界だった。

私が唯一、苦労せずに長距離列車の切符を買えたのは南京―成都間の夜行列車だった。二泊三日の旅だったため、どうしてもベッドを確保したかった。

当時は大半の乗客がベッドを確保できず、「硬座」と呼ばれる対面四人掛けの席に座って旅程を過ごしていた。硬座は文字どおりの硬い座席で、夜行列車でも満足な睡眠は取れなかった。硬座の切符には「無座」と書いてあるものもある。これは座席なし、つまり「立ち乗り」のような意味なのだが、みんな、少しでも座ろうと空いたスペースを血眼になって探す。一泊二日や二泊三日の長時間乗車が当たり前だったため、食べ物や飲み物、お土産などをたくさん持ち込み、車内は混乱を極める。

　車内には中国人が好んで食べるヒマワリの種やカボチャの種の殻がそこらじゅうに散乱し、飲み終わったビールの瓶や弁当の残りなどの残飯まで、ありとあらゆるゴミが床に落ちている。しかもほとんどの男の人はたき火の煙のようなきついタバコを吸い続ける。私も何度か「硬座」でタバコを勧められたが、一度もらって吸ってみたあとは二度ともらわなかった。

　南京に滞在した五日間、私は南京師範大学の学生寮に泊めてもらっていた。いまも同様の制度があるかは定かではないが、当時の中国ではけっこう安い料金で学生寮の空き部屋に泊まることができた。

　南京師範大の寮には日本からの留学生も何人かいて、そのうちの一人がアルバイト先の日本語学校に私を連れていってくれた。「日本語を勉強している中国の同世代の若者たちに日本のことを話してやってほしい」という依頼だった。なにを話したのかは覚えていないが、一九八八年に中国で暮らしていた若い世代にとって日本が憧れの地だったことは確かなようだった。その学校の生徒の一人に鉄道関係の仕事をしている人がいた。私が成都まで鉄道で行くことを話すと、「切符の心配はするな」と言ってくれた。

　翌日、代金と引き換えで、私が泊まっていた学生寮に二日後の寝台列車の切符が届けられた。

「これが中国の縁故社会か」と私は恐れ入った。表層からだけでは見えてこない中国社会主義の奥深さを垣間見た気がした。

5 国境で見た風景

その後も、私は陸路で国境を越えることに妙なこだわりをもちながら旅を続けた。通過した国境は合計十七カ所。唯一、地続きでなかった国境はフランスとイギリスの間だけだった。ドーバー海峡のトンネルを列車でくぐった。「いまにして思えば」なのだが、この旅で陸路の国境にこだわったおかげで、私は様々なことを学び、いくつもの疑問やこだわりを日本に持ち帰った。

地元の人たちの自由に見える往来は、その後もいくつかの国境で目にした。日本では「緊張状態」と伝えられていたインドとパキスタンの国境も例外ではなかった。

インドとパキスタンはヒンズー教徒とイスラム教徒という宗教の違いに加え、歴史的な経緯もあって関係がよくない。いまでもカシミール地方などで国境線をめぐる争いが絶えないが、東西冷戦構造が崩れていなかった一九八八年当時、パキスタンは親米政権で、インドはソ連と近い関係にあり、両国の関係は険悪だった。

そんな国境だったからだろう。陸路で国境を越える際のルールが定められていた。インドからパキスタンに抜けられるのは三が付く日、パキスタンからインドに入れるのは二が付く日、というルールだった。

十一月十二日、私はインドの首都デリーから国境近くの町アムリトサルへと向かった。トルコのイスタンブールから来たという西ドイツ（当時）製のベンツバスでの一泊二日の旅だ。バスの運転手はトルコ人。乗客は、確認できただけでもイギリス人、ドイツ人、日本人、トルコ人、イラン人、パキスタン人、南アフリカ人、タンザニア人と多彩な顔ぶれだった。

なかにはこのバスで一気にイスタンブールまで行く客もいるようで、トルコ人運転手二人はバスの脇腹の荷物を入れる収納庫にガスコンロを備え付け、そこで煮炊きをしながら移動していた。

翌十三日、バスが国境近くの長い直線道路に入った。まるで滑走路のような道だ。国境で紛争が起きた際には、実際に軍用機の離着陸に使われるのではないか。そんな想像をすると緊張感が高まった。

ところが、ここでも私の緊張をよそに、国境での出入国審査と税関の検査は、意外なほどあっさりしたものだった。賄賂を要求されることもなく、難癖を付けられて荷物を取り上げられるようなこともなかった。唯一、パキスタン側の入国審査でしつこく聞かれたのは「アルコールの持ち込みはないだろうな」ということ。いよいよイスラム教の国に入ることを実感させられた。

驚いたのは、国境の橋の上にいる女性たちを見たときだ。バナナやマンゴーなどの果物やお菓子を載せた大きな平べったい籠を持って、旅行者相手に売り歩いている。「この人たちはどんな資格があって、ここにいるんだろう」。疑問に思ったが、無事パキスタンに入国できるかどうかのほうが大事だった。ただ、確かだったのは、日本で聞いていた話と実際に見た国境の様子が大違いだったということだ。

派手な電飾がついたパキスタンのバス

三週間後、今度はパキスタンからイランへの国境を越えた。ここでは、パキスタン側とイラン側の道路事情の違いに愕然とした。パキスタン側は、当時「世界三大悪路」と呼ばれていた道で、どこが道なのかもわからないような一面の荒れ地だった。電飾が派手なわりに乗り心地がすこぶる悪いバスに揺られること一昼夜、国境近くの岩石砂漠にさしかかると、バスは激しく上下動を始めた。トイレに行ったばかりなのに尿意を催してくる。ほかの乗客も同じだったようだ。トイレ休憩が頻繁に繰り返された。こうして五時間ほどが過ぎただろうか。バスはようやく国境の町タフタンに着いた。

当時のタフタンは、映画『スター・ウォーズ』（監督：ジョージ・ルーカス、一九七七年）に出てくる砂漠の惑星タトゥイーンのようだった。一面の岩石砂漠の一角に、バラックの寄せ集めのような粗末な建物が並ぶ。集落は砂埃でかすみ、通り沿いの建物の脇には自動車の部品やタイヤがうずたかく積み上げられていた。

パキスタン側の入管に向かうと、ブラックマーケットの紙幣両替店がずらりと並んでいた。本来は違法のはずだが、両替商たちは地面に敷いたゴザの上に世界中の国の紙幣を並べていた。私が外国人とわかると「ヘイ、ダラーチェンジ」と堂々と声をかけてくる。

それまでに見てきたブラックマーケットの両替商は、たいがいコソコソしていた。衣料品店や食堂、土産物店で小さな声で話しかけてきて、こちらが応じると店の奥に案内されるという手はずだった。ところが、タフタンの両替商はなんとも堂々としている。「ひょっとしたら特別な許可でも取って合法的に営業しているのではないか」。そんな想像さえ頭をよぎった。

パキスタン側の入管は掘っ立て小屋のような小さな建物だった。イラン側の建物はさすがに少し立派だったが、驚いたのは入国審査を終えてイラン側へと建物を出たときだった。見事に舗装された道が岩石砂漠のなかを一直線に延びている。しかもバスは大型のベンツ製。地形や気候は何一つ変わっていない。「ただ国境を越えただけでここまで違うのか」と驚いた。座席もリクライニングできるゆったりしたタイプで、パキスタンでは考えられない豪華さだった。

私は「ここからヨーロッパなんだな」と強く感じた。よく、「ヨーロッパから来た旅人はトルコのイスタンブールでアジアを感じ、アジアから来た旅人はイスタンブールでヨーロッパに出会う」と言うが、私はもっと東のパキスタン・イラン国境で実感したわけだ。

国境を越えて初めて見たイランは、日本に伝わっていたこの国のイメージとは大きく異なっていた。イスラム革命から十年、イラクとの戦争が終わったばかりでもあり、さぞかし経済的に大きなダメージを負った貧しい国なのだろう、と想像して入国したが、実際に目にしたのは豊かな大国だった。わずか十日ほどの滞在だったが、出会った人はみんな、知的で思慮深く見えた。

中国、ネパール、インド、パキスタンとアジアの国々で、なにかを買うたびに高い値段で買わされたりだまされたりしてきた私は、イランで久しぶりに値切らずに食べ物を買った。イランの町と人々の洗練された姿に驚いた。

6 行ってみないとわからない

日本には陸路で越えられる国境が存在しない。このことを、旅に出るまでは当たり前のことだと思っていた。なぜなら日本は島国だからだ。でも、旅を続けるうちに考えが変わった。日本にはたまたま陸路の国境がないだけなのかもしれない。

少し歴史をさかのぼれば「国」の概念はいまと違っていたし、日本国内にも国境に近い役割を果たした「関所」が存在していた。第二次世界大戦直後、いくつかの偶然も重なり、日本が大きく二つに割れるようなことはなかったが、それでも現在の沖縄県と鹿児島県の間には厳然たる国境が存在した（一九五三年十二月まで、奄美群島もアメリカ統治下に置かれた）。朝鮮半島やドイツは国が二分され、韓国と北朝鮮の間にはいまでも国境線が引かれている。

この世界に「当たり前」なんてない。唯一信頼できるのは自分の目であり、常識にとらわれずに自分の頭でしっかり考えることこそが大切だ。私は、国境を陸路で越えるたびに何度も考え込み、大学卒業後の自分の進路についても思いをめぐらせた。

自分の足で現場を踏み、自分の目で見た光景を文字にして残す。私のなかにやりたい仕事がおぼろげながら浮かんできたのは、この長旅を終えたあと、しばらくたってからだった。

私が長期旅行をした一九八八年から三十年以上が過ぎた。旅の間、ずっと私の荷物のなかに入っていた『常用世界地図帳』は、いまでもわが家の本棚の片隅に収まっている。ページをめくってみると、この三十数年の間に世界中で多くの国境線が引き直されていることに気づく。当時は簡単に越えることができた国境のうちいくつかは、内戦や政治状況の変化で越えられなくなっている。

あのシベリア鉄道で出会った親子はどうしているだろうか。旧ソ連の崩壊で、カザフスタン共和国と中国との間の国境は行き来が活発になった。父親の実家に帰るために大陸を横断するような大旅行をする必要はもうなくなっているはずだ。

一方で、トルコ―シリア間など、一九八八年当時にはなんの苦もなく越えられた国境が、いまは近づくのも危険な場所に変わってしまっている。一緒に中国とネパールの国境を越えた香港人たちとも連絡を取らなくなって久しい。彼らはいま、二〇二〇年六月に施行された国家安全維持法で揺れる香港でなにを見ているのだろうか。

中国とカザフスタンの国境も、香港の現実も、いまどうなっているかは行ってみないとわからない。本を読んだりネットで検索したりしてみても、小さな音や匂い、湿気や温度まではわからない。実際に現場を走り回り、新しい誰かに出会い、納得するまでその人の話を聞いてみて、初めて見えてくるものがある。私がジャーナリストになったのは、こうしたことができる仕事だと思ったからだ。

Q&A 1

Q：新聞記者の一年のスケジュールは？

A：スケジュールは部署によってかなり異なります。最初に配属されるだろう地方支局では、まず一年目は事件・事故とスポーツ取材がメインの仕事になります。支局がある道府県を車で走り回り、事件や事故の現場を取材したり、いわゆる街ダネ（ヒマネタ）を取材したりします。

私が長野支局で仕事をしていたのは一九九〇年代です。当時はパソコンもデジタルカメラもない時代でした。そのころに比べるといまは、出先から原稿や写真を送れるぶん、精神的にはかなり余裕があるのではないか、と思います。少なくとも支局への帰り道で気がせくことはあまりないと思います。

各新聞社は、高校野球や社会人野球、サッカー、駅伝、ラグビーなど様々なスポーツ事業を主催しています。スポーツ取材では、こうした大会の地区予選を取材することになります。なかには野球もサッカーも経験がなく、ルールもよくわからないという人もいるでしょう。そこは勉強するしかないのですが、それを言えば、警察の仕組みや刑法、刑事訴訟法などの知識がある人ばかりではないですし、選挙の仕組みなど知らない人が大半です。要は入社してから勉強すればいいのです。

かつては支局には泊まり番があり、事件や事故の発生に備えていましたが、いまは、警察などからの緊急連絡（「幹事社連絡」と呼ばれています）を自分の携帯電話に転送できるようになっていて、宿直番の記者は自宅で連絡を受けることが多いようです。

Q：ジャーナリストに向いている／向いていないのはどんな人？

A：まず絶対に必要なのは好奇心です。取材対象や取材相手のことを、もっと深く知りたいと思う気持ちがなければ、なかなか記者は務まりません。それとやはり、人と話をするのが嫌いだ、という人も向かないと思います。

逆に人の話を聞いて新しい発見をしたい、学びたいという人は記者向きです。自分が知らない話を聞いて、視野が広くなったように感じるときこそ、まさに記者冥利に尽きる瞬間だと思います。

知らないことを素直に「わかりません。教えてください」と言えることも大事です。あらゆる分野に詳しい人など、この世に一人もいません。知らないことを知らないと言うことから取材は始まります。もちろん、取材相手に会う前に最低限の知識をインプットしておくことは大事ですが、どれだけ勉強しても限界はあります。最後は「へえ、知りませんでした。なるほど」と相手の話を楽しく聞いて共感して学べることが大事だと思います。

Q：実際のジャーナリストにはどんな人が多い？

A：いろいろな人がいます。多様性のるつぼのような組織が新聞社だと私は思っています。ですから、仮に支局での警察回りやスポーツ取材が苦手だったとしても、そこで思い悩む必要はありません。スポーツ取材が好きな人は運動部を希望すればいいのですし、「事件・事故の取材が大好き」という人は社会部を希望先に選べばいいわけです。

支局での仕事は県庁や市役所など行政をカバーするものもありますし、県議会や市議会などいわゆる政治の取材もあります。そして、もちろん選挙も大きなイベントです。

支局にいる間は自分の特性を見極めるために様々な取材を経験する期間だと考えれば、最初の赴任先での仕事も楽しくなるのではないでしょうか。そしてなによりも、自分が暮らしたことがない地方都市に赴任して、それまでは知らなかった、その地方の実情を知るというのはとても大事なことであり、楽しいことでもあります。

新聞記者同士が会うと、だいたい「支局はどこでしたか？」という会話から話が始まります。同じ県や隣県での支局経験があると、非常にローカルな話で何時間でも盛り上がることができます。このときばかりは、どこの会社の記者か、ということは関係ありません。

Q：ジャーナリストになる／入社試験を受けるにあたって、どんなことを勉強するべき？
A：これこそ、昔といまで大きく違っていると思います。かつては英語や一般的な知識を問う問題、漢字テスト、さらにテーマを与えられての作文・論文選考などがありましたが、いまは作文・論文以外はあまり聞かなくなっています。
むしろインターンなどを通して仕事を理解してもらったうえで、面接を受けにきてもらうというようなケースが多いようです。高くアンテナを張って各社のインターンに関する情報などを探し、まずは職場に飛び込んでみるというのが新しいスタイルのようです。

Ｑ：大学ではどのような勉強をすればいい？　記者には政治学部や新聞学部出身者が多い？

Ａ：必ずしも政治学部や新聞学部出身者が多いわけではありません。なかには理系の学部出身の記者もいますし、どこかの学部に偏っているということはあまりありません。

これは身も蓋もない言い方かもしれませんが、学術的にジャーナリズムを研究するのと、実際に記者として取材し、原稿を書くのとでは勝手が違うことがたくさんあります。取材というのは相手があることですから、机に座って勉強するだけではわからないことがたくさんあるのは当然です。

私から読者に言えることがあるとしたら、「あまり頭でっかちにならないようにしてください」ということです。実際に働き始めてみると、思い描いていたような生活と違うことがたくさん出てきます。体力的にもかなりきついこともあるでしょうし、人間関係に悩むことも少なくないでしょう。そのような場面を乗り越えるためには、気軽に相談できる相手がいるといいでしょうし、どんなときにも楽しみを見いだせるような、気分を切り替える術をもっていることも大事だと思います。

少し話がそれましたが、結論としては、特別な勉強は必要ないということです。ただ、英語など語学はできたほうがいいかもしれません。取材の幅が広がります。

Ｑ：勉強以外で学生時代にやっておいたほうがいいことは？

A：これは明確にあります。一人でも多くの人、様々な職種で働く人たちと出会い、社会の多様な側面を見て、経験することです。徹底的にアルバイトをやってみるのもいいでしょうし、日本全国、世界各国を旅してみるのもいいでしょう。

また、日本以外の国の学校に留学して、日本語以外の言葉を使う生活をしてみるのもいいと思います。要は、世の中には多様な価値観があり、自分が生きてきた世界よりもずっと広い世界、自分の常識とは違う世界があるということを理解しておくことが大事だということです。

第3章 松本サリン事件の教訓

私の支局生活は、一九九一年春から九六年春までの五年間だった。この間、様々な事件や事故を取材したが、なかでも最も強く印象に残っているのが、一連のオウム真理教事件の一つ、松本サリン事件だ。

この事件は、戦後最悪とも称される「冤罪」を引き起こした。私たちジャーナリストは冤罪の最前線に立ち会い、自らも冤罪に加担していった。本章では、事件の現場取材を振り返りながら、なぜ冤罪が起きてしまったのか、私自身の経験をもとに考えてみたい。

1 松本サリン事件とは

一九九四年六月二十七日午後十一時ごろ、長野県松本市北深志の住宅街で猛毒の神経ガス・サリンが撒かれ、学生や会社員ら七人が死亡し、約五百九十人が重軽症になった。サリンの威力を試すという狙いに加え、教団関係の訴訟を担当する長野地方裁判所松本支部の裁判官官舎を狙ったオウム真理教の犯行だった。

しかし、長野県警が第一通報者の河野義行さん宅を容疑者不詳のまま殺人容疑で家宅捜索したことで、「毎日新聞」を含むマスコミ各社が河野さんを「犯人」扱いする誤った報道をし、事件報道のあり方が厳しく問われることになった。河野さんの妻・澄子さんは二〇〇八年八月、サリン中毒による低酸素脳症に伴う呼吸不全で亡くなり、死者は八人になった。

一方、オウム真理教は、この事件が解決しないなか、一九九五年三月、東京で地下鉄サリン事件を起こした。信者五人が、東京・霞ケ関駅に向かう営団地下鉄(現・東京メトロ)日比谷線・千代田線・丸ノ内線の三路線五車両内で新聞紙に包んだビニール袋を傘で突き刺してサリンを散布。乗客と駅員十四人が死亡、六千人以上が負傷した。

2 奇妙な現場

一九九四年六月二十八日未明。長野市内の自宅でうとうとしていた私は、支局の次長(デスク)からの電話で起こされた。「齊藤君、悪いね夜中に。松本でガス漏れ事故があって、三、四人死んでるらしいんだわ。いまから行ってくれるか?」。淡々とした口調だったが、いつも冷静なデスクの声が少し上ずっていた。「ただごとじゃないな」と思った私は、ばたばたと身支度を整えた。この時点では「松本でガス漏れ事故」という情報しかなかった。「夕方には帰れるかな」。のんきにそんなことを考えていた。

長野市内から松本市までは、開通したばかりの長野自動車道を使えば四十分ほどの距離だ。寝起きだったので運転にだけは気をつけて高速道路を走った。

松本支局に着くと、指揮を執っていた支局長が「どうも合点のいかないことが多いんだよ」と話しかけてきた。「地元のガス会社は「ガス漏れ事故じゃない」って言ってるんだ。とにかく現場を見てきてくれ」。促されるままに住所を地図で確かめて、私は現場に向かった。梅雨後期特有のじとっとした空気がまとわりつく。蒸し暑いいやな夜だった。

現場は松本支局から北へ約五百メートルと遠くない。現場から別の場所に移動するかもしれないと思い、念のため車で向かい、かなり手前に止めて歩いた。しばらく行くとテレビ局の中継車が止まっているのが見えた。「あの辺りだろう」と見当を付ける。すると、道にうずくまっている男性がいた。周りを数人の男性が取り囲んでいる。「どうしたんですか?」。そのうちの一人に声をかけると「なんか吸い込んだらしいんですよね」と答えが返ってきた。しばらくしてわかったのだが、そこにいたのは全員新聞社やテレビ局の記者だった。うずくまっていた記者は近くに住んでいて、誰よりも早く事故の現場に着いたのだという。ほどなくして男性は、救急車で搬送された。そのときには気にもとめなかったが、実はこの光景が事件を象徴するものだったことを後日、知った。

現場は閑静な住宅街だった。第一通報者の屋敷だという古い和風の家屋があり、取り囲むように単身者用の低層マンションや小規模な社宅などが立っている。少し離れた場所には長野地裁松本支部の裁判官官舎もあった。

明け方だったこともあるのだろう、現場周辺が妙に静かだったのを記憶している。私と同じような新聞記者やテレビ局のクルー、鑑識作業中の捜査員などは目に入るのだが、大きな音がいっさい聞こえない。不思議な空間だった。

明るくなるにつれて、周辺の様子が見えてきた。アスファルトの上にハトの死骸があった。第一通報者の屋敷の庭にある池に、魚が腹を上にして浮かんでいるのが見えた。なにがどうなっているのかはわからなかったが、とにかく「奇妙な現場だな」と思った。

近くの低層マンション前に救急車が二台止まっていた。どうやらここで亡くなった人がいるようだ。先に到着していた松本支局の記者と合流し、様子をうかがっているとマンションから三十代くらいの男性が出てきた。私たちはわらわらと男性を取り囲んだ。すると逆に、男性から「なにがあったんですか？」と聞かれたのだ。

男性は前の晩、疲れて帰ってきて、窓を閉め切ったまま寝ていたのだという。未明に呼び鈴を押されて目を覚まし、救急隊員に「無事ですか？」と声をかけられた。男性の話からすると、どうやら窓を開けて寝ていた人が被害に遭い、男性のように窓を閉めていた人は無事だったらしい。ガス漏れ事故であれば、窓を開けてガスを外に逃がすというのが対処法の鉄則のはずだ。窓を開けていた部屋の人が亡くなるのはおかしい。

夕刊用に原稿を書く作業のため、私はいったん、松本支局に戻った。夕刊は一面アタマ横凸版だった。一面アタマ横凸版とは、一面アタマの記事で、しかも見出しが目立つように横見出しの凸版

1994年（平成６年） 6月28日 火曜日 （日刊）

有毒ガス 住民7人死ぬ

松本の住宅街 52人入院

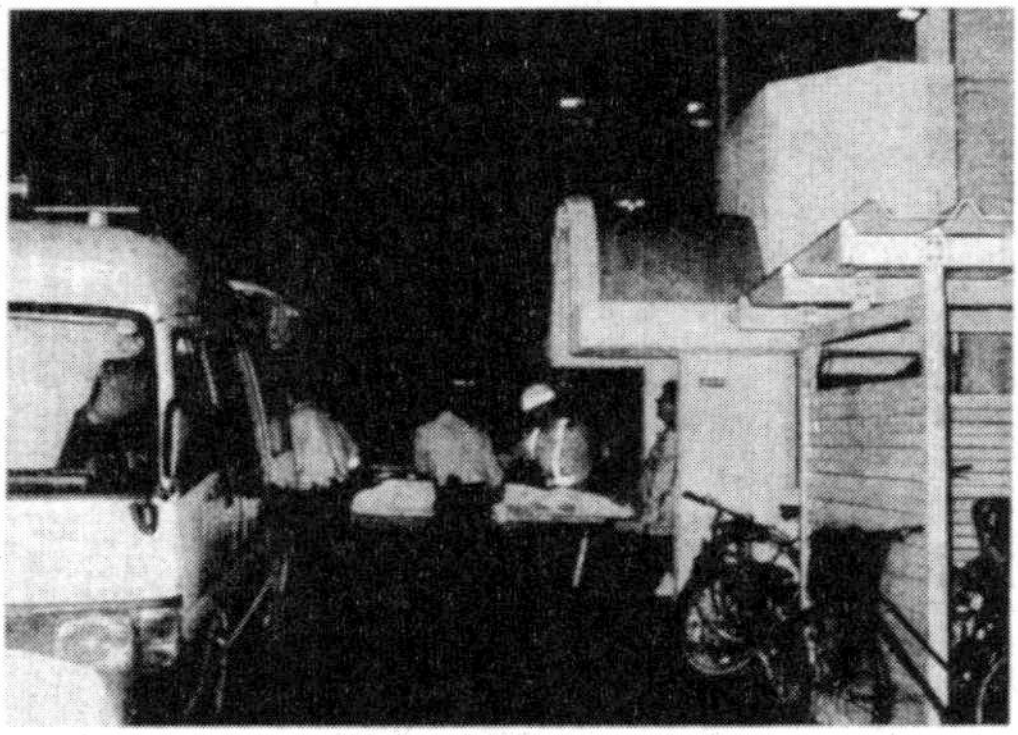

中毒事故でマンションから搬送される住民＝長野県松本市北深志で28日午前4時半

有機リン？ 農薬中毒に似る

二十七日午後十一時九分ごろから二十八日午前零時ごろにかけ、長野県松本市北深志の住宅地の住民から「のどが苦しい」などの一一九番通報が松本広域消防局に相次いだ。県警松本署員らが付近を調べたところ、同市北深志一、開智ハイツ四階、信州大学医学部生、安元三井さん（[illegible]）ら五人が周辺の建物内で死亡していた。ほかに同地区に住む計五十四人が市内の五病院に運ばれたが、うち二人が病院で死亡した。（社会面に関連記事）

収容された住民は頭痛、吐き気などの症状を訴えており、同県警は死亡した安元さんらの司法解剖を行う一方、薬物ガスなどによる大量中毒事故の可能性が強いとみて同署に捜査本部を設置し、捜査を始めた。

松本署などの調べでは、被害者は同市北深志一の半径五十㍍以内にある「松本レックスハイツ」＝三階建て二十一世帯、「開智ハイツ」＝四階建て二十四世帯、「明治生命寮」＝三階建て五世帯＝の三つの建物に集中していた。被害者は当時、室内にいたといい、死者はいずれも二階以上に住んでいた。松本測候所によると事故当時、松本市内は断続的に弱い雨が降っており、風速〇・五㍍程度の弱い南西風が吹いていたという。

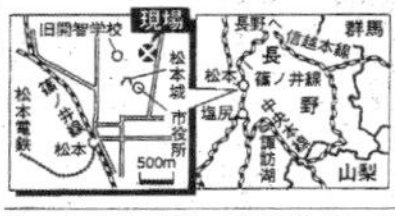

犠牲者が出た建物の西隣の民家は全く被害がなく、有毒物質は同ハイツ南西の池の方向から風に乗って広がった可能性が強い。

症状は、吐き気や頭痛のほかに、ほぼ一様に視野が狭くなったり呼吸困難を訴えており、同署は付近の空気を瓶に詰めて、同県警科捜研に送り、成分の調査を進めている。「明治生命寮」の西側にある池でザリガニなどが死んでいたほか、付近では犬などの動物も死亡していた。

会社員、小林豊さん（二三）が入院後、死亡した城西病院（同市城西）の関健院長によると、運び込まれた患者はいずれも瞳孔が収縮する症状が出ており「死亡した人はけいれんの発作が激しく、何らかの化学物質による脳の障害とみられた。有機リン系の農薬を大量に飲んだ場合の症状によく似ていた」と言っている。十一人が運び込まれた相沢病院（同市本庄）の川上裕隆医師は「有機リンの中毒症状によく似ているが、気体の状態では通常、中毒にならないはず」と話している。

現場はJR松本駅から北東約二㌔の住宅地。

事件発生翌日の夕刊1面
「毎日新聞」1994年6月28日付、夕刊

式になっている記事のことを言う。

有毒ガス　住民七人死ぬ　松本の住宅街　五十二人入院　有機リン？　農薬中毒に似る

二十七日午後十一時九分ごろから二十八日午前零時ごろにかけ、長野県松本市北深志の住宅地の住民から「のどが苦しい」などの一一九番通報が松本広域消防局に相次いだ。県警松本署員らが付近を調べたところ、同市北深志一、開智ハイツ四階、信州大学医学部生の女性（二十九）ら五人が周辺の建物内で死亡していた。ほかに同地区に住む計五十四人が市内の五病院に運ばれたが、うち二人が病院で死亡した。

収容された住民は頭痛、吐き気などの症状を訴えており、同県警は死亡した女性らの司法解剖を行う一方、薬物ガスなどによる大量中毒事故の可能性が強いとみて同署に捜査本部を設置し、捜査を始めた。

松本署などの調べでは、被害者は同市北深志一の半径五十メートル以内にある「松本レックスハイツ」＝三階建て二十一世帯、「開智ハイツ」＝四階建て二十四世帯、「明治生命寮」＝三階建て五世帯＝の三つの建物に集中していた。被害者は当時、室内にいたといい、死者はいずれも二階以上に住んでいた。松本測候所によると事故当時、松本市内は断続的に弱い雨が降っており、風速〇・五メートル程度の弱い南西風が吹いていたという。

犠牲者が出た建物の西隣の民家は全く被害がなく、有毒物質は同ハイツ南西の池の方向から風に乗って広がった可能性が強い。

症状は、吐き気や頭痛のほかに、ほぼ一様に視野が狭くなったり呼吸困難を訴えており、同署は付近の空気を瓶に詰めて、同県警科捜研に送り、成分の調査を進めている。「明治生命寮」の西側にある池でザリガニなどが死んでいたほか、付近では犬などの動物も死亡していた。

男性会社員(二十三)が入院後、死亡した城西病院(同市城西)の関健院長によると、運び込まれた患者はいずれも瞳孔《どうこう》が収縮する症状が出ており「死亡した人はけいれんの発作が激しく、なんらかの化学物質による脳の障害とみられた。有機リン系の農薬を大量に飲んだ場合の症状によく似ていた」と言っている。十一人が運び込まれた相沢病院(同市本庄)の川上裕隆医師は「有機リンの中毒症状によく似ているが、気体の状態では通常、中毒にならないはず」と話している。

現場はJR松本駅から北東約二キロの住宅地。

北里大学眼科の石川哲・主任教授(神経眼科学)によると、瞳孔《どうこう》が縮んだり、視野が狭くなるのは有機リン系殺虫剤による典型的な中毒症状。考えられるのは、農薬の空中散布か、地上で農薬を使ったものが、日中の外気で舞い上がり夜間に無風状態で空気が冷えて降下するなどのケース。前夜の松本市は微風で蒸し暑く、近くで農薬散布をした可能性があるという。

(「毎日新聞」一九九四年六月二十八日付夕刊)

昼ごろになると、東京本社の社会部や地方部から応援の記者が次々に到着した。なかには警視庁捜査一課担当のバリバリの事件記者もいて、支局のドアを蹴破るような勢いで入ってくるなり、「これは第二の帝銀事件だ」と声を張り上げた。初めて接する現役の警視庁担当記者はとても怖そうに見えた。

3 地取りで歩き回る

東京社会部の遊軍記者が、支局に備え付けの『ゼンリン住宅地図』のコピーを始めた。事件の現場周辺の地図だ。コピーして、地図同士をセロハンテープできれいにつないで、Ｂ４判四枚分の大きな一枚紙に仕上げていく。私にとって初めて見る作業だった。「これ、どうするんですか？」。入社年次が近かったため気安く聞くと、「地取りのとき、必要でしょ」とぶっきらぼうな答え。だいたい東京本社から応援で支局に来る記者は無愛想だ。支局の若い記者を下に見ているのだろうか。少し悔しかった。

警視庁一課担の記者が住宅地図のコピーを見ながら、赤いサインペンで大きな枠を書き込んだ。「齊藤さんはここを頼むね」と言われて渡された地図。これが私の「地取り」担当エリアだった。

「地取り」とは警察用語で、事件などが発生した際、発生場所を中心に周辺地域で徹底的に聞き込みをすることを言う。ちなみに「地取り」のほかには「モノ取り」「人取り」などがある。「モノ取り」とは、現場に残された遺留物の流通ルートや製造場所、メーカーなどを特定し、誰がどこで手に入れたものなのかを調べる。「人取り」は捜査線上に浮かんだ人物の過去の経歴から当日の足取りまで徹底的に調べることを言う。

六月二十八日の松本市は、最高気温が二六度前後と、真夏日だった前日に比べると比較的しのぎやすかったが、湿度は高くムシムシしていた。私は睡眠不足だったが、気持ちだけは妙に高ぶったままで、眠気を感じることもなく、現場周辺をひたすら歩き回った。

住宅地図を頼りに周囲の家をしらみつぶしに回る。一軒ごとに呼び鈴を押していくのだが、なかから人が出てきて、少しでも話を聞けるのは十軒に一軒ほどだ。あとは不在か追い払われるか無視されるか。途中で何度もいやになったが、東京から来た先輩記者もやっているんだと思うと、やめるわけにはいかなかった。支局の後輩たちも歩き回っている。少しでもヒントになるような情報を聞きたかった。

聞き込みを続けるうちに、おぼろげながら前夜の様子がわかってきた。被害は現場の北東方向に集中していて、「息苦しくなった」「視野が狭くなった」といった異常を訴える人が相次いで病院に運ばれていた。有機リン系なのか、まだはっきりしなかったが、なんらかの「有毒ガス」が原因であることは間違いなかった。

では、誰がなぜ、そんなガスを撒いたのか。足の裏がじんじんするまで現場を歩き回ったが、謎は解けないままだった。

4 第一通報者

暗くなり、いったん支局に戻ったところに、松本警察署からの一報が届いた。午後十時から記者会見を開くという。内容はわからない。

新聞社にとって、午後十時という時間設定はかなり厳しい。本社で朝刊制作の作業が佳境にさしかかっている時間帯で、翌朝の長野県版にはすでに記事が間に合わない時間なのだ。

「なにか大きな話があったら、交代で会見場を出て電話連絡する。いいな」。警視庁一課担のこわもて記者から命じられた。当時は、ようやく連絡用に肩掛け型の大きな鞄のような携帯電話を持たされはじめていたような時代だ。重さは約三キロ。いまであれば「LINE」などのチャットツールですぐに連絡できるのだろうが、あのころはスムーズに情報伝達するのがとても難しかった。

松本署の講堂に集まった記者は百人を超えていた。人いきれでムシムシするなか、長野県警捜査一課長が紙に目を落としながら発表内容を読み上げていく。

「長野県警松本署捜査本部は、本日夜、容疑者不詳のまま、本事件の第一通報者、河野義行宅を殺人と傷害容疑で家宅捜索し、薬品類数点を押収した」

正確な文言は覚えていない。だが、概略はこんなふうだったと思う。私は文字どおり、跳び上がるほど驚いた。記者がメモを取れるようにと、ゆっくり話す捜査一課長の言葉をひたすらノートに書き取り続けながら、後悔の思いが浮かぶ。

しばらくすると、隣にいた警視庁一課担記者に肩をつつかれた。「外に出て報告を入れろ」という合図だ。私は小走りで講堂を出て人垣をすり抜け、受話器を握った。発表内容を支局に伝えながら、頭は目まぐるしく回転しつづけた。「「第一通報者を疑え」は犯罪捜査のセオリーじゃないか」。事件の特異性にばかり気を取られて、私は「捜査のいろは」を忘れていたことを悔いた。「もっと早く現場で気づけたんじゃないか」「どこかほかの社は怪しいと気づいていたんじゃないか」。そんな言葉が繰り返し頭に浮かんだ。

会見場に戻ると、記者から次々に質問が飛んでいた。「なぜ河野宅の捜索に入ったのですか？」「薬物の分析はどこまで進んでいるんですか？」「決め手になったものがあるんでしょ、だからガサ〔家宅捜索〕に入ったんでしょ？」――。

捜査一課長は「あくまで容疑者不詳の捜索です。現時点ではそこまで」と言葉を切り、席を立った。会見場を出る一課長を記者が二重三重に取り囲んだ。ちょっとでも話を聞けないか、と周りから話しかける。特に各社の東京からの応援組は執拗に食い下がった。私はもみくちゃにされながら、

「やっぱり東京の事件記者は迫力が違うな」と妙なところに感心していた。

時刻はすでに午後十一時近かった。新聞社はどの社も、どんなに頑張っても午前一時過ぎには最終版を降版しなければならない。それまでに原稿を書いて見出しを付け、紙面を完成させないと、翌日の朝刊に記事は載らないのだ。

「どうやってこの記者会見の内容を原稿にしたらいいんだろうか」などと不安を募らせながら支局に戻った。ところが、支局ではすでにできあがった紙面のゲラが私たちを待っていた。私が電話で吹き込んだ内容、ほかの記者が同じように連絡した文言などがきれいに記事に仕立てられていた。

何人かの記者が会見の様子を交代で支局に伝える。一人あたり百文字から百五十文字程度の短い文言だ。それを支局にいるまとめ役が原稿に仕上げていく。ほかの記者は専門家のコメントを取ったり、新聞に載せるための見取り図を作成したり。情報の断片をつなぎ合わせるアンカー役の記者、事実関係を確認するサブデスク役。さらに東京本社でも何人もの記者が独自のルートで事実関係の裏取りに走っていた。

まさに組織ジャーナリズム。私は狐につままれたような気持ちになり、どっと疲れを覚えた。

その晩は、松本支局長の計らいで、私たち応援組の記者は松本市郊外の浅間温泉の旅館に泊まった。温泉の湯につかっても、事件現場や記者会見の様子が頭から離れず、眠りに落ちるまでにかなり時間がかかった。

一九九四年六月二十八日という、私にとって忘れがたい長い一日はこうして終わった。ジャーナリストを志そうという読者にはどうしてもこの現場を伝えておきたかった。記者たちは混乱のなか、短時間で判断し、日々新聞の紙面を作っていく。その組織の力と個々の記者の能力の高さ、そして、ちょっとしたボタンの掛け違いから「冤罪事件」に加担していくことになる私の拙い経験が凝縮した一日だったからだ。

5 まさかのサリン

翌日から、私たちの取材範囲は大きく変わった。第一通報者・河野さんの所在を確認すること、河野さんの身辺について調べること、河野さんがいったいなんの目的で毒性が強い薬物を作ったのか、その目的を探ること——など。つまり、河野さんが事件を引き起こしたという前提での取材が始まったのだ。

河野さんは、毒ガスを吸い込み、妻ともどもJR松本駅近くの病院に入院していた。病院の周辺は報道関係者でごった返した。いわゆるメディアスクラムの状態だ。東京本社からの応援の記者たちは三々五々帰ってしまい、私たち支局の若い記者だけが残された。なかでも入社年次がいちばん上だった私は「現場キャップ」として、このあと、一カ月以上もの間、松本支局で寝泊まりを続けた。

事件発生から六日が過ぎた七月三日、長野県警松本署の捜査本部が突然、毒ガスが神経ガスのサリンだったと発表した。サリンは毒性がシアン化カリウム（青酸カリ）の五百倍の猛毒物質だ。

それまで、農薬と同じ「有機リン系薬物」が原因だったと思い込んでいた私たちは、虚を突かれた。「サリンってなんだ?」。支局の記者はみんな顔を見合わせた。

まだネットが普及する前のことだ。調べる術もなかったが、東京本社の情報調査部に問い合わせたり、辞書や『現代用語の基礎知識』（自由国民社）のページをめくったりして、イラクのサダム・フセイン政権（当時）が、イランとの戦争のさなかに、自国内の少数民族クルド人に対してこの猛毒を使用したハラブジャ事件の例などを確認した。

発表が日曜日で夕刊が休みだったこともあり、なんとかみんなで手分けして原稿を書き上げた。

「それにしても、サリンってどうやって作るんだ?」。専門家の話を電話で取材したが、要領をえな

松本の中毒事件

神経ガス「サリン」とほぼ断定

毒性、青酸カリの500倍

長野県松本市の住宅街で発生した有毒ガス事件を調べている同県警松本署捜査本部と県は三日、発生源とみられている同市北深志一、男性会社員（四四）宅の庭にある二つの池や近くの会社の寮など計五カ所で採取した水と空気から、化学兵器として使われる神経ガス「サリン」と推定される物質を検出したことを明らかにした。サリンは毒性がシアン化カリウム（青酸カリ）の五百倍の猛毒物質。捜査本部は死者七人、重軽症者二百五人を出した有毒ガスをサリンとほぼ断定。会社員宅周辺を検証して合成場所や方法の特定を急ぎ、週明けにも入院中の会社員から本格的な聴取を行う。

（社会面に関連記事）

捜査本部によると、サリンが検出されたのは県警科学捜査研究所が事件発生翌日の先月二十八日未明に採取した池の水と、会社員、榎田哲二さん（四五）が死亡していた明治生命寮の榎田さん方浴室の洗面器の水、男性会社員宅の犬小屋近くのバケツの水など。県衛生公害研究所も池の水と、同日会社員宅室内で採取した空気から検出した。二つの池のうち南側の池の水のほうが濃度は高かったという。

捜査本部は、ガスを詰めておくような容器が現場に残されていないことなどから、現場付近で人為的に合成されたとみている。

化学兵器に使用

サリンは自然界に存在せず、第二次世界大戦中のドイツで有機リン系殺虫剤の開発の中から生まれた。ナチスドイツが強制収容所で使用し、戦後、連合軍が押収した。

イラン・イラク戦争（一九八〇―八八年）でイラク側が使い、イラン国内で一万人以上が犠牲になったといわれる。

致死量は体重一キロに対し〇・〇一ミリグラム。神経から筋肉への情報伝達を助ける酵素コリンエステラーゼの働きを阻害し、筋肉をまひさせ窒息死に至らせる。頭痛、めまい、おう吐、縮瞳《しゅくどう》（瞳孔が縮まること）などの症状を示す。

水に溶けやすく、比重は空気より若干重いが、専門家によると、気象条件などによっては簡単に上昇するという。

毒ガスがサリンだと発表された翌日の朝刊
「毎日新聞」1994年7月4日付

い話ばかりでいっこうにわからなかった。

本来はこのタイミングで軌道修正をすべきだった。しかし、私もほかの記者も、そして長野県警の捜査員でさえ、この時点で河野さんに対する疑いを解くことができなかった。

この数日後、私は信州大学医学部の教授に会いに出かけた。教授は開口一番、「あれはシロウトが作れるような代物じゃないよ」と切り出した。そして、「あなたもあの現場に行ったの？」と逆に質問してきた。

「もちろん。発生当日から何度も行って歩き回ってます」と答えると、「それはまずいなあ。気をつけたほうがいいですよ。サリンなんて、どんな毒性があるのかはっきりしてないんだから。まだ現場に残留していたっておかしくない」などと怖いことを言う。「そういえば、現場に早く着きすぎて、なにか吸い込んだ記者が救急車で運ばれてました」と思い出しながらつぶやくと「ほら、言ったことじゃない。記者だって人間なんだから、気をつけないと。ほんとにわからないことだらけなんですよ」と真剣な顔で語った。

この取材で、私は初めて長野県警の捜査に疑いをもった。河野さんがあの家で、そんな複雑な毒ガスを生成できるものだろうか。でも、じゃあ誰がやったのだろうか。

6 事情聴取は二日間だけ

河野さんが入院先の病院を退院して、松本署に出頭を求められたのは七月末のことだった。七月中は毎日、在京テレビ局ワイドショーのクルーから写真週刊誌の記者まで、ありとあらゆるメディアの関係者が病院の周りを取り囲んでいた。私たちも交代で、毎日、病院周辺からなかの様子をうかがった。期間中、何度も「河野さんが裏口から抜け出した」「警察車両に乗せられて出ていった」などといった偽りの情報が飛び交った。繰り返すが、当時はネットもスマホも、携帯電話さえ一人に一台なかった時代だ。とにかく、私たちにとっては、気づかないうちに河野さんが病院を抜け出す事態だけは避けなければならなかった。

病院にとっても大変な迷惑だったと思う。カメラを持ったテレビクルーや新聞記者が常に周囲をうろうろしているのだ。しかも、この年の夏はとにかく暑かった。標高五百九十メートルの松本市では珍しいことだが、事件後、最高気温三〇度を超える真夏日が七月だけで二十六日間に達した。

ようやく迎えた河野さん退院の日は、大変な騒ぎだった。まず、河野さんがどのように病院から出てくるのかがわからない。長野県警は間違いなく河野さんに任意同行を求めると思われたが、どのようにして松本警察署に連れていくのか。情報がないだけに混乱も大きかった。

結局、河野さんの家族が弁護を依頼し、間に入った弁護士が、私たちのはやる気持ちを静めてくれた。永田恒治弁護士だ。永田弁護士はその後、常に河野さんに寄り添い、長野県警の捜査やメディアの取材手法の問題を厳しく批判していくことになる。

病院から出てきた河野さんは、カメラの放列を避けるように弁護士の車に乗り込み、弁護士事務所に直行した。そのまま事務所で小規模な記者会見を開いた河野さんは、「私はなにもやってません」ときっぱりと繰り返し語った。そして、松本署に出向いて二日間にわたり、約十四時間もの事情聴取を受けたのだ。

とても恥ずかしいことなのだが、この時点でも、私たちは「河野さんは今日、松本署から出てこられないのではないか」などと、河野さんの逮捕を予想しながら紙面展開の準備を続けていた。結果的には、河野さんへの聴取はこの二日間だけで、もちろん逮捕されることもなかった。長野県警の捜査は事実上頓挫し、私たちの取材も迷走していった。

数日後、河野さんへの捜査は完全にストップした。私たちはサリン生成の工程調べに集中することで、河野さんの問題を自分たちの心のなかで棚上げにして取材を続けた。

7 うわさ

長かった夏が終わりに近づいた。九月に入ると、東京本社の社会部から「会議開催」の連絡が入り、支局を代表して長野支局の次長と私が東京に向かった。その席では様々な推論や見立てが語られたが、私たちの脳裏から「河野さん」はまだ消えていなかった。

会議を終えて、慣れない本社のなかをうろうろと歩き回っていると、事件取材が長い大先輩から呼び止められた。「齊藤君、大変だなあ、松本は」。頭を下げてあいさつすると、ちょっとお茶でも、と誘われた。その先輩は事件取材のなかでも公安畑に強い。

喫茶店に入ると、彼は「松本はオウムだって話があるぞ」とささやいた。私は「なんですか？」と思わず聞き返した。「だから、オウム真理教だよ」と繰り返す。「いや、それはいくらなんでもないでしょう」と答えながら、事件の現場で都市伝説のように語られていたいくつかの話を思い出した。

「北朝鮮の風船爆弾が破裂したらしい」「宇宙服のような装備のオウム信者がガスを撒いて歩いた」——。そんなたぐいのうわさだった。

あとで振り返ってみれば、あのときの先輩の情報は正しかった。しかし私は、その話を素直に聞くことができなかった。どんなことでもそうだが、近くにいないと見えないことがある。だが、逆に近くにいることで見えなくなってしまうこともある。東京に出張したころの私は、事件当初からの長野県警の捜査方針に引きずられて、すでにメガネが曇っていた。しかも事件の現場近くに長く滞在したせいか、大局的に事件を眺めることができなくなっていたのだ。

当時、支局で取材していた私たちは、記事のなかでは河野さんにいっさいふれないように気を使っていた。だが、本音ではどうか、といえば、ほかに捜査線上に浮上した人物がいないなかで、やはり河野さんと事件との関わりをどこかで疑い続けていた。「少なくとも主犯ではない。でも、腑に落ちない点が多すぎる」といったような案配だ。

8 元日のスクープ

松本サリン事件の捜査は膠着状態が続いた。私は長野支局に戻り、三年後に控えていた長野冬季オリンピックの準備状況の取材などに明け暮れた。

そんな私の気持ちを事件に引き戻したのが、「読売新聞」の一九九五年一月一日、元日の一面アタマの特ダネだった。記事は「山梨県上九一色村のオウム真理教の教団施設周辺で、サリンの成分

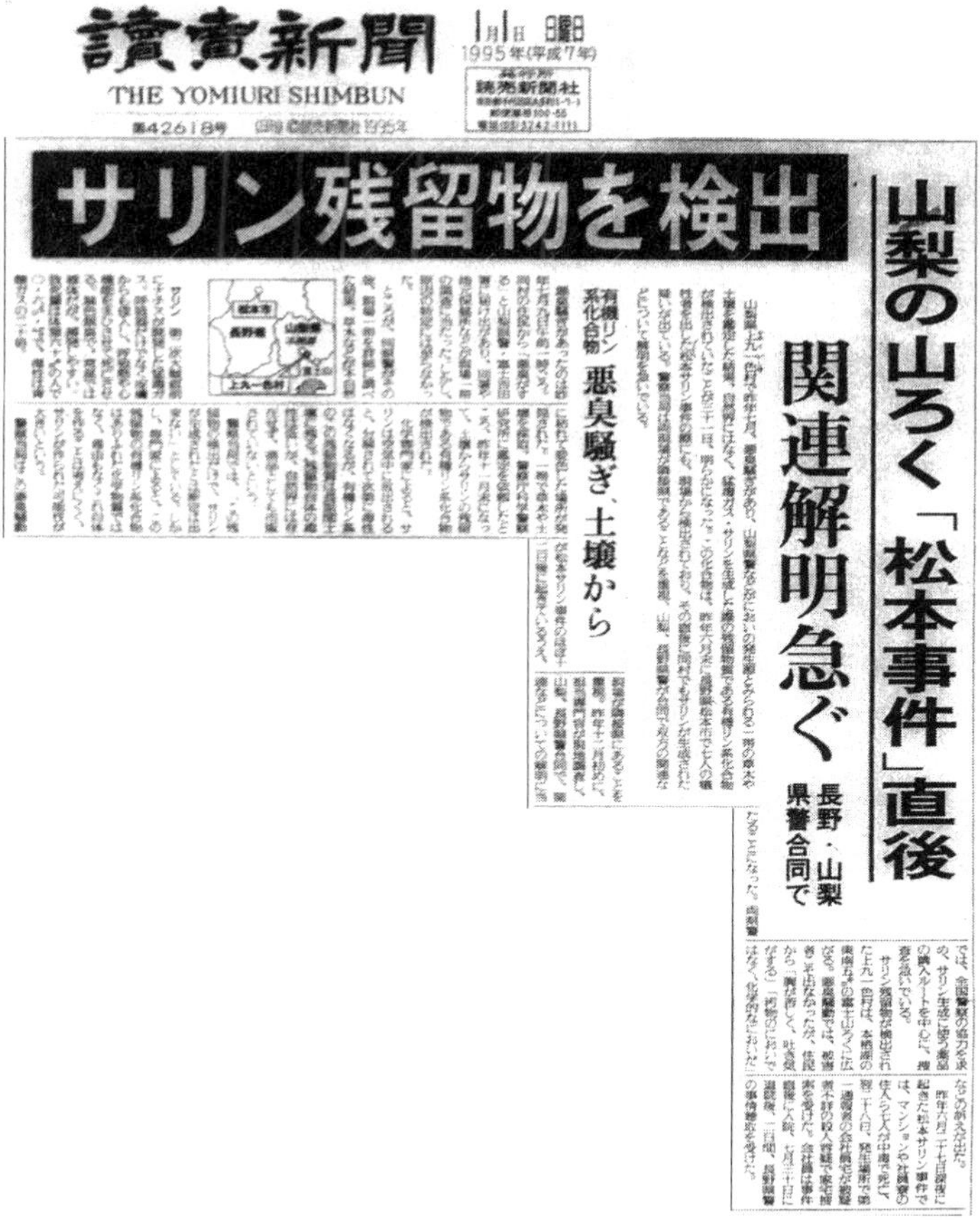
讀賣新聞

THE YOMIURI SHIMBUN

第42618号

1月1日 日曜日

1995年(平成7年)

読売新聞社

サリン残留物を検出

山梨の山ろく「松本事件」直後

関連解明急ぐ

長野・山梨県警合同で

有機リン系化合物 悪臭騒ぎ、土壌から

1995年の元日に「読売新聞」が報じたスクープ
「読売新聞」1995年1月1日付

が検出された」ことを報じていた。私はすでに、松本サリン事件の担当を外れていたが、内心穏やかではなかった。支局の同僚や後輩たちも半信半疑の様子だった。

ところが、事件はその後、阪神・淡路大震災を挟んで急展開していく。二月には目黒公証役場事務長の拉致事件が発覚。そして、三月二十日には、東京都心を走る地下鉄千代田線・日比谷線・丸ノ内線で地下鉄サリン事件が発生し、一連のオウム真理教事件は、世界でもまれに見る化学兵器を用いた無差別テロ事件に発展していった。その過程で、坂本堤弁護士一家失踪事件や松本サリン事件も、オウム真理教幹部らによる犯行だったことが明らかになっていった。

松本サリン事件は、発生当初に私たちが思い描いていたものと比べると、スケールの大きさがまるで違っていた。オウム真理教の幹部らが、山梨県上九一色村のサティアン内の実験施設で、秘密裏に毒ガス・サリンを製造し、松本市の現場で小型トラックから噴霧していたという。真実は想像を絶するものだった。

9 顚末、そして教訓

いまになってはすべてが恥ずかしく、ただ、こうべを垂れるしかない。ここで、読者に知っても

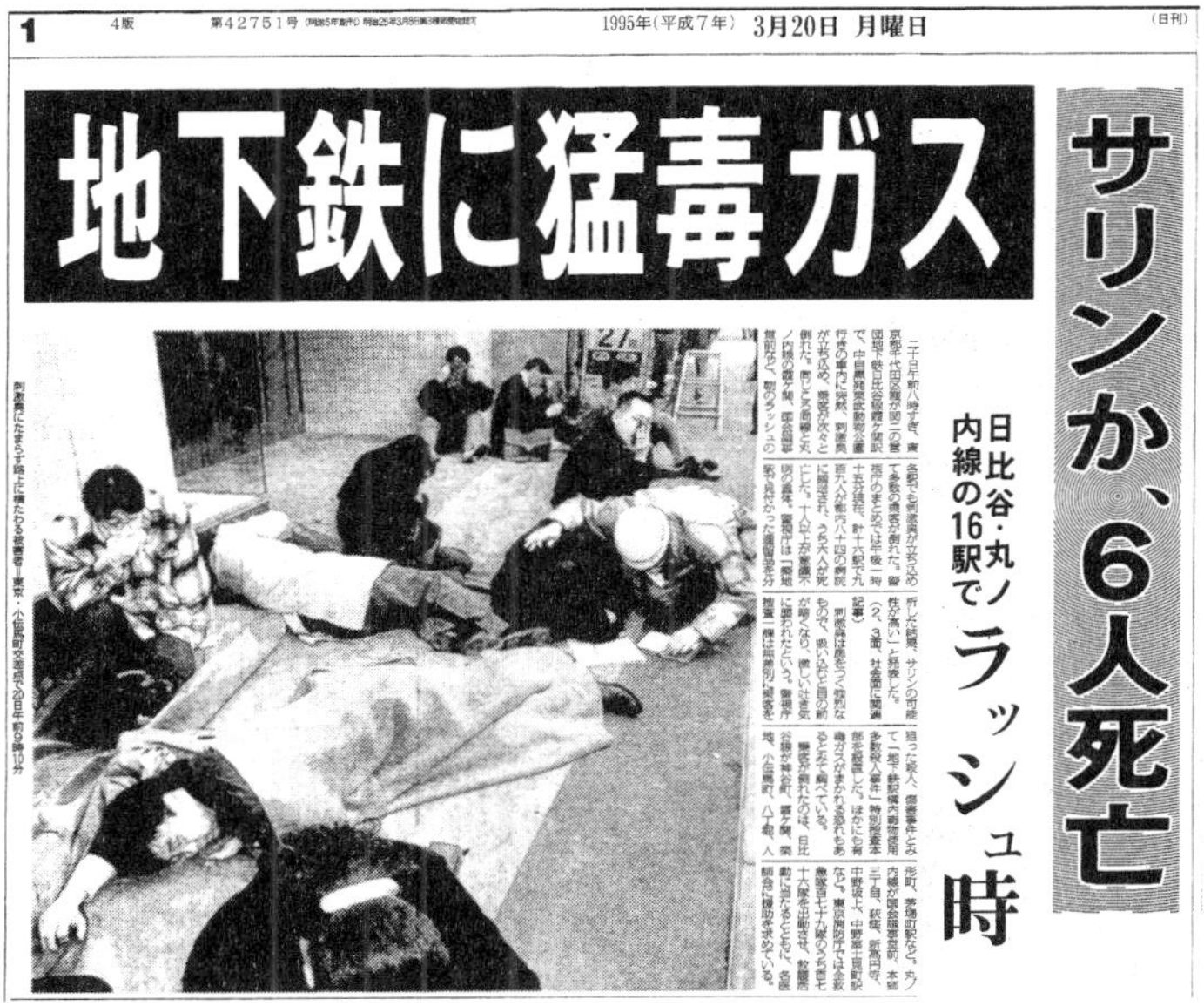
1　4版　第42751号　1995年（平成７年）　3月20日　月曜日　（日刊）

地下鉄に猛毒ガス

サリンか、６人死亡

日比谷・丸ノ内線の16駅で

ラッシュ時

地下鉄サリン事件発生当日の夕刊1面
「毎日新聞」1995年3月20日付、夕刊

らいたいのは、情報が限られるなかで取材することの難しさ、そして最初の見立てが誤っていたとき、素早く軌道修正する柔軟さがなによりも大切だということだ。私は現場の近くにいながら、その柔軟性を欠いていた。そして、私以外のほとんどのメディア関係者も同様だった。

あの暑かった夏から二十七年になる。その後、私は松本サリン事件の取材から離れ、東京本社に転勤した。オウム真理教の事件や裁判の取材に関わることはなかったが、あの夏の経験を忘れたことはない。なぜあのとき、河野さんに疑いの目を向けてしまったのか。そして、事件の原因物質がサリンだと判明したあとも、なぜ河野さんを追いかけ続けたのか。自問を繰り返すが、答えは見つからない。

報道機関としての検証記事や、河野さんへの毎日新聞社としての謝罪など様々な節目はあったが、私にとって、心の整理はつかないままだ。報道とはどのようにあるべきか。事件取材のあり方をどうすべきなのか。いまも答えを探し続けている。

一つだけ確かなことは、あの事件を境に私のなかで取材に対する心構えが大きく変化したということだ。具体的に言えば、記者会見など公式の場での発表内容を疑ってみることが多くなった。その後、東京本社で事件取材や企業取材、霞が関の官庁取材などを重ねてきたが、松本サリン事件は私にとって戒めであり、様々な局面で一歩立ち止まって考えるきっかけをいまも与えてくれている。

Q&A 2

Q：記者の取材する権利（読者の知る権利）と、取材先のプライバシーとはどのように折り合いを付けている？

A：これはケースバイケースとしか言いようがありません。例えば相手が政治家や大手企業の経営者など、多くの人が名前を知っている公人としての立場の人なのかどうかによっても対応は大きく変わってくると思います。

例えば、新型コロナウイルスの感染拡大で緊急事態宣言が発出されているなか、自民党や公明党の議員が東京・銀座や麻布のクラブに出入りして離党や議員辞職などに追い込まれましたが、同じ店で飲んでいたとしても、普通の会社員であれば、その行為をメディアにとがめられることはないでしょう。これらのケースでは、責任がある立場の人で、しかも国民に向けて自粛を呼びかける側の人間が、夜遅くまで飲み歩いていたという点が問題になったわけです。

こうした場合には、取材先のプライバシーよりも読者の知る権利が尊重されます。しかし、国会議員を辞めた人がいつどこで飲んでいたとしても、それは本人の自由ですし、そのような相手についてはプライバシーを尊重すべきだと考えます。このあたりの感覚は、同じメディアで働く人でも、週刊誌の記者やテレビのワイドショーなどのリポーターと新聞記者ではかなり違っているかもしれません。

一方で、事件や事故、災害の取材で話を聞く相手は一般の人たちです。取材相手のプライバシーを尊重し、ときには取材を遠慮することもあります。

このあたりの判断基準は、私自身もいまだに答えを探し出せていませんし、ある意味、これからも記者という仕事をしているかぎり、常に直面する課題だと思います。

いちばんよくないのは、厳しい局面で目の前の課題から目をそらしてしまうことです。常に取材する権利と取材先のプライバシーの両方を尊重しながら、取材を続けていくことが大切なのだろうと思います。

Q：犯罪被害者などを実名で報道するのはなぜ？

A：六年半前、アメリカ・ニューヨークに出張した際、ワールドトレードセンター跡地にできた「911メモリアルミュージアム」に立ち寄りました。二〇〇一年九月十一日の世界同時多発テロで倒壊したツインタワーの記憶を後世に残そうと設置された博物館です。

驚いたのはメインの展示物を見たときです。同時多発テロの犠牲者全員の名前を検索できるタッチパネルがあり、名前に触れると、犠牲者の生前の写真や詳細な経歴、近所や職場、学校での評判まで、記者の取材に基づく故人の思い出が何ページにもわたって映し出されたのです。

二年前、リニューアル後の広島平和記念資料館でも同じような体験をしました。平和記念資料館には、原爆が投下された一九四五年八月六日からその後の数年の間に犠牲になった人がどこでなにをしていて亡くなったのか、生前、どのような家族と一緒にどのような生活を送っていたのかが、克明に、わかるかぎり詳細に記されていたのです。同時に故人の遺品が展示されていて、亡くなった人たち（なかには子どもが何人もいました）の人となりまで浮かび上がってくるかのようでした。こうした展示はすべて、実名の公開を前提にするからこそできたのです。

京都市で起きた京都アニメーション放火殺人事件では、被害者の実名を報道するか否かが大きな問題としてクローズアップされました。なぜ、報道機関は、ショックを受けている被害者遺族に取材を繰り返し、被害者を実名で報じようとするのかと、多くの批判や疑問の声が寄せられました。

もちろん、事件直後に悲しむ遺族を追いかけ回したり、しつこく自宅を訪ねたりするような取材は避けるべきです。ただ、だからといって、犠牲者の名前をすべて匿名にしてしまっていいのでしょうか。確かにそこに生きていた人たちを、生前の人となりとともに後世に伝えていくことで、事件の悲惨さを訴え、二度と同じようなことが起こらないようにはたらきかけることもジャーナリストにとってとても大事な仕事ではないかと私は思います。

Q：客観報道と自分の意見とのバランスはどのように取る？

A：これは私見ですが、この世に客観報道なるものは存在しないと思っています。そもそもありもしない客観報道を追い求めているかのような建前を掲げてきたことが、現在の新聞業界低迷の一因だと私は思っています。

どんな原稿を書くときでも、書く記者の主観は必ずどこかに反映されるものです。逆に言えば、主観が入っていない記事など読んでもおもしろくありません。客観報道の旗を掲げ続けたことが、デジタル時代に読まれない、つまらない記事を新聞記者たちが多く生み出している一因になっていると思っています。

ですので、むしろ、自分の視点を大事にして、たとえ賛否両論があったとしても、自分の思いを、熱量をもって伝えていく努力こそ、これからのジャーナリストには必要なのではないでしょうか。

Q：「毎日新聞」が原則署名記事なのはなぜ？

A：これは、前の質問とも絡みますが、「誰が書いたのかわからないような記事を読みたいですか？」と逆に私から問いたい衝動に駆られます。私は誰が書いたのかわからない記事を読みたいとは思いません。たとえ自分とは意見を異にする内容の記事だったとしても、書いている記者が自分の署名を入れて執筆しているのであれば一定の敬意を払いたいと考えています。

繰り返しになりますが、これからのジャーナリストは「Twitter」などのSNSで自分の書いた記事を拡散させ、記事そのものだけでなく、記事ができあがるまでの取材過程を含めて読者に見てもらい、ファンになってもらうことが大事です。

自分の書いた原稿が記事として掲載されるまでが仕事ではありません。その記事の魅力を発信できる記者であることも、また求められているのです。

以上のように考えれば、記事が原則署名入りなのは、むしろ当然です。

第4章
事件記者として

1 七社会という記者クラブ

東京・霞が関。官庁街のいちばん北側、皇居の桜田門に面した丁字路の角に警視庁本庁舎がある。少しひしゃげたような形の三角柱の建物は、ほかの省庁ビルと比べても重厚で、頑丈な要塞のように見える。十八階建てのこの建物の九階にあるのが、日本最古の記者クラブとされる警視庁七社会だ。

新聞社と通信社計七社が加盟してできたというこの記者クラブは、その後、社の経営問題で抜けた一社を除き、いまも六社が警視庁庁舎の一角に陣取っている。もちろんほかのメディア各社にも別のスペースが割り当てられていて、それぞれ警視庁記者倶楽部、ニュース記者会と称して同じ九階にある。だが、七社会の歴史が最も古い。

私がこの記者クラブに所属し、警視庁刑事部捜査二課、四課、暴力団対策課の取材を担当したのは一九九八年十月から二〇〇一年末までの三年三カ月間だった。これまでの記者生活のなかでも最もハードでエキサイティングな持ち場だった。

七社会では、「毎日新聞」をはじめ加盟各社に縦約八メートル・横約三メートルの細長いブースが割り当てられていた。隣の「東京新聞」「日本経済新聞」とは天井まで板で仕切っていて、入り口には大きな布を玄関ののれんのようにつり下げている。

　ウナギの寝床のような六つのブースの脇には薄暗いスペースがあり、長椅子が五、六脚並んでいる。さらに奥のドアを開けると暗い和室があり、布団が三組敷かれていた。部屋の窓には遮光カーテンがついていた。これらはすべて記者の昼寝スペースだ。

「毎日新聞」の警視庁担当記者は計十人（当時）。キャップ、サブキャップに一・三課担当が三人、二・四課担当が三人、それに生活安全・交通部担当、公安部担当がそれぞれ一人いた。十人は、ブースのなかに所狭しと座っている。天井まである備え付けの本棚にはスクラップブックや資料のファイルが並ぶ。一課担と二課担はそれぞれ三人いるが、あてがわれた椅子は人数分なく、それぞれの下っ端は座る場所さえない。

　このブースには東京都内で発生するありとあらゆる事件・事故の一報が入ってくる。ニュースを追う新聞社にとって決して空けることができない場所だ。二十四時間三百六十五日、誰か一人は必ず、このむさ苦しい部屋にとどまっている必要がある。キャップ、サブを除く八人は交代でこのブースに泊まり、事件・事故の警戒にあたった。

　ブースの入り口近くには二段ベッドが設置されて

霞が関の警視庁本庁舎（筆者撮影）

いた。だが、泊まり番の夜、そのベッドで眠る記者は誰もいなかった。受話器を上げるだけで本社の社会部デスク席につながる直通電話が、いつ鳴るかわからなかったからだ。みんな、受話器のそばにある古いソファをベッドがわりにして仮眠を取った。私がいたころは男ばかりだったが、いまでは少なくとも二人、女性記者がこのブースで泊まり勤務までこなしている。働く環境も少しは改善していると期待したい。

2 一日の動き

このころの私の一日は、朝、午前五時（遠くまで行く日は午前四時）にハイヤーの運転手からの電話で起こされるところから始まった。埼玉県や千葉県、神奈川県、ときには茨城県にある捜査員の自宅を訪ね、朝の出勤時に話しかけるのが日課だった。俗に言う朝駆けだ。もちろん、出勤しようとする警察官をいつもタイミングよくつかまえられるとはかぎらない。もし会えたとしても、会話を交わせるという保証もない。

待っていても家から警察官が出てこないときには、午前八時を過ぎたころに見切りを付けて警視庁の庁舎に出勤する。会社に顔を出すのはなにかの会議のときぐらいで、一カ月に一回もない。完全に警視庁の記者クラブがオフィス兼取材先になっていた。

午前と午後の二回、捜査二課長、四課長、暴対課長からレクチャーを受ける。レクチャーといっても「課長の顔を見にいく」という程度の意味しかなく、普段は二言三言雑談を交わすだけだ。当然、聞きたいのは進行中の捜査のことなのだが、課長がさらっと事件についてしゃべるなんてことはない。たいがいは眠い目をこすりながら課長と先輩記者との禅問答のようなやりとりを聞き、レクチャーが終わると倒れ込むように記者クラブの仮眠スペースで昼寝する。もちろん事件の発生や発表があれば原稿の処理に追われる。

夜は午後六時過ぎに夜回りの車を本社の車両課に頼む。警視庁の庁舎前にずらりと並んだ黒塗りのハイヤーのなかから、確認しておいたナンバーで自分の車を見つけて乗り込む。そのまま朝と同じように首都高速道路経由で夜回り先の住宅地に向かう。

閑静な住宅地の一角にじっと立ったまま待つこと数時間、やっと帰ってきた捜査員と接触し、少しでもヒントを聞き出そうと粘る。帰りに牛丼かハンバーガーなどのファストフードで夜食をすませ、帰宅は午前一時過ぎ。翌朝はまた午前五時に電話で起こされ……、という体力的にきわめてハードな生活だった。

たいていの警察官は、郊外の戸建て住宅に住んでいた。職業柄か、「一国一城のあるじ」を好む人が多かった。夜回り取材をする私たちにとっては、この戸建て嗜好は都合がよかった。なにしろマンションは、その当時でもオートロックが主流になっていた。なにかのセールスでもそうだが、まずは玄関先まで入れてもらわないと話にならない。

しかし、閑静な住宅地は待つのがつらい。そもそも「あの家には夜な夜な新聞記者が来ている」などといううわさが近所で立ったら取材先に迷惑がかかる。そこで私たちは車を最寄り駅などに止めて警察官の自宅近くまで歩き、帰宅をじっと待つことになる。

こんな毎日のなかでも、各社は熾烈な特ダネ競争を繰り広げる。抜くこともあるが抜かれることのほうが多い。一面で抜かれれば、午前三時過ぎに他社と交換する朝刊交換紙を見た泊まり番にたたき起こされる。もちろん事件が発生したときも同じだ。夜中だろうが早朝だろうがおかまいなしだ。

慣れてくると、どこでもいつでも眠れるようになった。睡眠時間が少ないから、わずかな時間でも深く眠れる。捜査員の家に向かう車のなかは絶好の睡眠タイムになった。そのかわり、郊外の閑静な住宅地では、ただひたすら捜査員の帰りを待つ。何時になっても帰ってこない捜査員もいる。呼び鈴を鳴らしても、家族が本当のことを言ってくれているとはかぎらない。暑い日はシャツにじっとりと汗が染みてくる。近所の人の目があるので同じ場所に立ち続けるわけにもいかない。寒い日はもっとひどい。待つうちに足の感覚がなくなる。携帯用カイロを持ち歩くのだが、一時間以上も待つと用をなさない。

何日も取材相手に会えない日が続くと、「なんのためにこんなことをやっているのか」と目的を見失いかけることもあった。

3 尾行した相手は

私がこの警視庁担当になって間もないころ、捜査二課が大手通信会社の絡む汚職事件を手がけた。担当になったばかりの私は、文字どおり右も左もわからず、二・四課担のリーダー（「仕切り」と呼ばれていた）の指示で動いた。

ある土曜日、仕切りの先輩に呼ばれ、「齊藤君、警視庁の取調室の場所って知ってる?」といきなり聞かれた。「いいえ、知りません」。来たばかりで知るわけないだろ、と思いながら答えると、「ついてこい」と言う。庁舎の一角で二人並んで立つ。

「あの廊下の奥にドアがあるだろ。あのドアの向こうが留置場だ。留置場の隣に取調室がある」。「はあ」と気のない相づちを打つ。すると先輩は「あのドアを見張ってくれ」と言う。

「いいですけど、なんで?」と聞くと、「サンズイ（贈収賄事件をこう呼ぶ）の参考人はたいがい勤め人だ。平日には呼べないだろ?」という答え。なるほど。平日に聴取できない会社員を土日に呼んで話を聴くわけだ。「わかりました」と答えると、「ネクタイをしてない二人組が出てきたら後をつけろ」と命じられた。

取調室では、調べる捜査員も調べを受ける参考人もネクタイを外す。自殺など万が一のトラブルを防ぐためだ。それは知っていたが、とにかく雲をつかむような指示だ。本当に取り調べをしているのか。聴取があったとして、それは本当に汚職事件の関係者なのか。別の事件関係者かもしれない。この時点で事前情報はまったくなかった。

人が通りかかるたびにさりげなく見張る位置をずらす。待つこと数時間、廊下の奥のドアからネクタイを外した男二人が出てきた。庁舎の入り口まで距離を置いてついていき様子をうかがう。すると、あいさつをして一人が庁舎から出ていくではないか。間違いない。一人は刑事で、出ていった人間が調べを受けていた男だ。

私は慌てて仕切りに電話を入れた。「後をつけて」という指示。出ていった男の後を追った。男は濃いグレーのスーツ姿。いかにも真面目なサラリーマン風だ。霞ケ関駅から地下鉄丸ノ内線に乗った。新宿で降りる。公衆電話でどこかに連絡を入れている。そっと近づいたが、話の中身まではわからない。近づきすぎてはいけない。細心の注意を払いながら、また後をつける。男はある私鉄に乗り換えると、途中駅で降りて、駅近くのビルに入っていった。そのビルにはしっかり企業名が明記されていた。

仕切りに連絡すると、「でかした。お手柄だよ」と褒められた。私の報告を彼がどう使ったのか、私にはいまだによくわからない。ただ、確かなことは、数週間後、私が後をつけた男が贈賄容疑で逮捕されたということ。そして、仕切りの書いた記事が特ダネとして紙面を飾ったことだ。

「担当になって早々、事件についてるよ、齊藤君は」。先輩二人は私を飲みに連れ出して、笑顔で繰り返した。褒められているのかは定かではなかったが、私は事件取材のおもしろさにすっかり魅せられていた。

4 「抜かれる」つらさ

新聞記者同士の話を聞いていると、頻繁に「抜く」「抜かれる」という単語が出てくる。これはなにかというと、「抜く」＝「特ダネ（スクープ）を書く」、「抜かれる」＝「他社に特ダネを書かれる」という意味だ。

普段、複数の新聞を読み比べている読者がそんなに多いとは思えないのだが、私たち新聞記者は、ほかの新聞に特ダネを「抜かれる」ことを最も悔しがる。「抜き／抜かれ」は社内で記者を評価する際の基準の一つにもなっている。この「抜き／抜かれ」が過剰な特ダネ競争を生み、ときにはメディアスクラムの原因になっているという批判は少なくない。ただ、逆に「特ダネを書きたい」という気持ちが、より深く取材していくうえでの原動力になっているのも確かだ。

私も社会部と経済部で取材をしていたころ、この「抜き／抜かれ」の競争の世界で仕事をしていた。当時のことを思い出すと、いまでも冷や汗が出ることがある。それだけ、この「抜き／抜かれ」のプレッシャーは強かった。

新聞記者生活三十年の私には「三大抜かれ」とも言うべき、大きな「抜かれ」がある。ここでは、そのうちの一つ「外務省官房機密費詐欺事件」を紹介したい。ちなみに、「三大抜かれ」のうち残り二つは、第3章「松本サリン事件の教訓」で紹介した「オウム真理教の教団施設周辺でサリン検出」と第5章「経済を取材する」でふれる「東京三菱・UFJ銀行経営統合へ」だ。

二〇〇〇年十二月末は、私にとって七社会で迎える三度目の年の瀬だった。幸い、担当の捜査二課、四課、暴対課が抱えている大きな事件はなく、穏やかに正月を迎えられそうだった。正月の泊まり勤務はほかの記者が入ることになっていて、私は久しぶりに家族で年越しできそうだと思っていた。

大晦日には、実家から両親も孫の顔を見にきていて、家のなかはにぎやかだった。「昼は築地で寿司でも食べようか」と家族五人で出かけた。ちょうど寿司を食べているときだった。サブキャップから電話が入った。

「齊藤君、世田谷の事件、聞いた？」。いやな予感がした。「いえ、まだ聞いてません」と答えたが、このときに休み返上を覚悟した。ただならぬ空気を感じたからだ。

前日の深夜、東京都世田谷区上祖師谷に住む一家四人が殺害される事件が発生したという。いまも犯人が捕まっていない、あの世田谷一家殺害事件だ。すでに一課担当の記者たちは現場に散っていた。私は警視庁の記者クラブで後方支援することになった。寿司を一気に口に入れ、家族と別れて警視庁の庁舎に向かった。「また今年も家族での年越しは無理か」とがっかりしたが、ここまで大きな事件になると記者クラブ員総出で取材するしかない。

私は現場の見取り図を作ったり、地図を作ったり、寒い現場で取材を続ける同僚からの連絡を取り次いだりと、夕方まで働いた。『紅白歌合戦』（NHK）が始まるくらいの時間になって、サブキャップから声がかかった。「齊藤君、ありがとう。もう帰っていいよ。落ち着いたから」。ありがたい一言だった。私は、記者クラブに残ったサブキャップや夜中まで現場で取材を続けている同僚に心のなかで頭を下げながら帰宅した。午後九時過ぎには、家族と一緒に年越しそばを食べることができた。

明けて二〇〇一年の元日。午前二時過ぎに布団に入りかけたが、なぜか寝付けず、家の近くの「読売新聞」の販売店に元日の新聞を買いにいった。元日の新聞には少しでも早く目を通したかった。世田谷の事件のことも気になっていた。

販売店ではちょうど新聞が届いたところだった。一部購入して一面を見ると、世田谷の事件を伝える記事の脇に奇妙な見出しの記事が載っていた。「「外交機密費」流用か　外務省幹部口座に一億五千万円」。記事を読み進むうちに背筋に寒い感覚を覚えた。自分の担当、警視庁捜査二課の文字が目に入ったからだ。まったく知らない話だった。同じ二課担の先輩に連絡し、元日以降の取材をどう進めるか、裏取りをどうするか、と話し合ったが、頭がうまく回らなかった。

「外交機密費」流用か

外務省幹部　口座に1億5000万円

警視庁捜査

　首相の外国訪問の際に支出される「外交機密費」を扱う外務省大臣官房の幹部(55)が、自分の銀行口座に一億五千万円もの資金をプールしていることが三十一日、読売新聞社の調べでわかった。問題の口座には、約五年にわたり、一回当たり百数十万～数百万円の入金が月数回のペースで繰り返されており、最も多い時には二億円の残高があった。警視庁捜査二課は、外交機密費の一部が流用された疑いがあるとみて、口座開設の事情を知る関係者の聴取に踏み切るなど捜査を始めた。

　この幹部は一九九三年から九九年まで、首相が外国を訪問する際の日程調整などを担当する「要人外国訪問支援室」の室長を務めていた。

　複数の同省関係者によると、室長は、首相の外国滞在時のホテル代や専用電話敷設代など必要経費のほか、相手国首脳への贈答品代や接待費など、外交機密費全般を一人で扱っており、年数回～十数回の外国訪問や事前の下見出張の度に、「臨時の出費に対応する」などの名目で一回数百万円の現金を管理する立場にあった。

　問題の口座は定期預金口座で、この幹部が室長に就任した後の九四年に都内の銀行の支店に開設された。捜査二課が調べたところ、その直後から、同じ支店の本人名義の普通預金口座に、一か月に数回のペースで一回当たり百数十万～数百万円の入金が現金であり、ほぼ同額が定期預金口座に振り替えられていた。

　一回に一千万円を超える入金も数回確認されており、九九年末時点の残高は約二億円にも上っていた。

　現金は幹部が自分で銀行の窓口に持ち込んでおり、九九年秋に別のポストに異動した直後から入金は途絶えている。

　幹部には給与以外に収入はほとんどないことから、捜査二課は、幹部が外交機密費の一部を流用し、自分名義の口座に入金していた疑いがあるとみて関係者から事情聴取を続けている。

　一方、幹部は、読売新聞社の取材に、「機密費を流用した事実はない」と疑惑を否定している。

外交機密費詐欺に関する「読売新聞」元日のスクープ
「読売新聞」2001年1月1日付

出遅れた事件の取材ほど苦しいものはない。このときも、仕事始め早々から外務省ＯＢなど事情に詳しそうな人たちをしらみつぶしにあたったが、核心に迫る話はなかなか聞けないまま、他紙の動向ばかりが気になった。幸いというか意外にも、「読売新聞」がその後、立て続けに続報を書くことはなく、他社も含めて、事件は当初、あまり大きな騒ぎにならなかった。ただ、事件の捜査は水面下で続いていて、三月には外務省の現役官僚が逮捕された。さらに捜査は周辺の官僚などに広がり、結局、私はその年の秋までこの事件に付き合うことになった。

　事件は、外務省の要人外国訪問支援室長が、歴代首相の外国訪問時に十四回にわたって五億円超の官房機密費をだまし取っていたという前代未聞の詐欺事件だった。時効分を含めるとだまし取った額は計九億七千六百万円にも達した。この室長は、だまし取った機密費をマンション購入費や愛人との遊興費、競走馬などにつぎ込んでいた。

当時の「毎日新聞」社説は「公僕どころか、一社会人としての自制心さえ喪失したまま、なぜ六年以上も不正がまかり通ったのか。室長は公判で「自分の中に魔物がすんでいた」と述べたが、機密費を扱う土壌に「魔物」がいたとすれば、どうあらためたかが問われなければならない」と記している。

私は当時、「毎日新聞」オピニオン面の「記者の目」欄に、以下のような記事を書いた。

「お公家さん」。外務省を舞台にした一連の事件を捜査してきた警視庁捜査二課の捜査員は、キャリアの外務官僚をこう評した。ノンキャリアの逸脱行為には耳をふさぎ、外に向けては外交舞台上で踊る姿しか見せない彼らを、見事に言い当てた言葉だと思う。

捜査員や官僚に直接、話を聞き、取材して浮かび上がったのは、「構造的」「組織ぐるみ」といった言葉だけでは語りきれない組織内の確執だった。外務省職員四千三百七十一人のうち、幹部になるキャリアは八百七十三人、その下に三千四百九十八人のノンキャリアがいる。一連の捜査で、逮捕・起訴されたのはノンキャリアの四人。「知らない」「わからない」を繰り返したキャリア官僚は、結局、罪に問われることはなかった。

最初に官房機密費詐欺事件で逮捕された松尾克俊・元要人外国訪問支援室長（五十六）の周辺を取材すると、後にホテル代水増し詐欺事件で逮捕された浅川明男・前西欧一課課長補佐（五十六）の名前がすぐに浮かんだ。官房機密費事件の取材で、浅川前課長補佐に何度か会い、話を聞く機会があった。少し甲高い声で話す彼は、キャリアに盾突ける数少ないノンキャリアとして省内で有名だった。

外務省六階北側にある欧州局西欧一課。浅川前課長補佐は、頭まで背もたれのある椅子に背を預け、ゆったりと手を振った。「ここで話そうよ。何もやましいことはないから」と別室に通された。約二時間半の取材で、松尾元室長の人物評からキャリア批判、ロジスティック（後方支援）担当の仕事まで多岐にわたって語り続けた。印象深かったのは、自分の仕事に対する強気の姿勢だった。「上司（キャリア）に何を言われてもできないものはできないんだ。こっちは会計のプロだからね」

これに対し、あるキャリア幹部は、浅川前課長補佐らについて「金の動くところに利権もあるということだ。彼らはそういう部署にいたからね」と人ごとのように話す。直接、自分の手で金を扱うのを嫌い、ノンキャリアに汚れ役を押しつけてきたキャリア官僚。浅川前課長補佐は厳しい口調で「何も知らない連中にとやかく言われる筋合いはない」と批判してみせた。

もちろん、浅川前課長補佐らの罪は正当化できるものではない。しかし、別世界の人間の犯罪を見るように、涼しい顔をしているキャリア官僚が許されていいとも思えない。

犯罪の根っこが、自分たちの無責任さと無自覚さにあるということを、キャリア官僚はどこまで認識しているのだろうか。ただ、しらを切り通しているだけなのだろうか。

取材ノートを改めて見直すと、外務省幹部の目には「不正」と映らない行動の中に、世間の

記者の目

キャリア外務官僚

斉藤　信宏（社会部）

特権意識、優越感捨てよ

「お公家さん」。外務省を舞台にした一連の事件を捜査してきた警視庁捜査2課の捜査員は、キャリアの外務官僚をこう評した。ノンキャリアの逸脱行為には耳をふさぎ、外に向けては外交舞台上で踊る姿しか見せない彼らを、見事に言い当てた言葉だと思う。

捜査員や官僚に直接、話を聞き、取材して浮かび上がったのは、「構造的」「組織ぐるみ」といった言葉だけでは語りきれない組織内の確執だった。外務省職員4371人のうち、幹部となるキャリアは873人、その下に3498人のノンキャリアがいる。一連の捜査で、逮捕・起訴されたのはノンキャリアの4人。「知らない」「わからない」を繰り返したキャリア官僚は、結局、罪に問われることはなかった。

最初に官房機密費詐欺事件で逮捕された松尾克俊・元要人外国訪問支援室長(56)の周辺を取材すると、後にホテル代水増し詐欺事件で逮捕された浅川明男・前西欧1課課長補佐(56)の名前がすぐに浮かんだ。官房機密費事件の取材で、浅川前課長補佐に何度か会い、話を聞く機会があった。少し甲高い声で話す彼は、キャリアに盾突ける数少ないノンキャリアとして省内で有名だった。

外務省6階北側にある欧州局西欧1課。浅川前課長補佐は、頭まで背もたれのある椅子に背を預け、ゆったりと手を振った。「ここで話そうよ。何もやましいことはないから」と別室に通された。約2時間半の取材で、松尾元室長の人物評からキャリア批判、ロジスティック（後方支援）担当の仕事まで多岐にわたって語り続けた。印象深かったのは、自分の仕事に対する強気の姿勢だった。「上司（キャリア）に何を言われてもできないものはできないんだ。こっちは会計のプロだからね」

これに対し、あるキャリア幹部は、浅川前課長補佐らについて「金の動くところに利権もあるということだ。彼らはそういう部署にいたからね」と人ごとのように話す。直接、自分の手で金を扱うのを嫌い、ノンキャリアに汚れ役を押しつけてきたキャリア官僚。浅川前課長補佐は厳しい口調で「何も知らない連中にとやかく言われる筋合いはない」と批判してみせた。

もちろん、浅川前課長補佐らの罪は正当化できるものではない。しかし、別世界の人間の犯罪を見るように、涼しい顔をしているキャリア官僚が許されていいとも思えない。

犯罪の根っこが、自分たちの無責任さと無自覚さにあるということを、キャリア官僚はどこまで認識しているのだろうか。ただ、しらを切り通しているだけなのだろうか。

不祥事を「我が罪」とし

機密費詐欺事件など一連の不祥事に揺れ、キャリア官僚の意識が問われる外務省

取材ノートを改めて見直すと、外務省幹部の目には「不正」と映らない行動の中に、世間の常識とかけ離れた、特権意識を助長する例がいくつも見つかる。

まずは、外務省職員と告げるだけで、東京都内の大手ホテルの宿泊代金が半額になる制度。詐欺事件の舞台になったホテルをはじめ、外国の賓客が泊まるような超一流ホテルがすべて、外務省共済組合員価格として大幅割引になる。続いて、浅川前課長補佐の逮捕で話題になった自家用車通勤。中央官庁の公務員で自家用車通勤が公認されているのは外務省だけ。「時差のある外国とのやり取りが多く、仕事がしばしば深夜に及ぶため」（外務省）というのが公式の理由だ。

国内だけではない。在外公館の実情もひどい。大使は、赴任先で客を招待した時に備えて一流ホテルの料理人を日本から雇い、連れていく。理屈はそうだろうが、問題は接待相手だ。大使館の宴会場は、家族や日本の国会議員の視察団など内向きの接待に使われるケースも少なくないという。

ノンキャリアのロジ担は、こんな特権意識をいやが応でも持たざるを得ない状況に身を置く一方で、キャリアへの劣等感が入り交じった複雑な思いが心の内に巣くっていたのではなかったか。松尾元室長が競走馬の購入に入れあげ、浅川前課長補佐が外車で通勤したくなる行動も、何となく理解できる気がする。

事件捜査は、ほぼ一段落した。しかし、私にはキャリアは「うまく捜査の網から逃げたな」としか見えない。外交機密費に象徴される外務官僚への特別視を改め、外交官も公務員なのだという当たり前の意識をキャリアたち自身が確認すること。それが、事件を我がことと受け止めるための第一歩だ。「助かった」などと胸をなで下ろしているようでは、外務省は同じ不祥事を繰り返すに違いない。

筆者が書いた「記者の目」の記事
「毎日新聞」2001年10月12日付

常識とかけ離れた、特権意識を助長する例がいくつも見つかる。

　まずは、外務省職員と告げるだけで、東京都内の大手ホテルの宿泊代金が半額になる制度。詐欺事件の舞台になったホテルをはじめ、外国の賓客が泊まるような超一流ホテルがすべて、外務省共済組合員価格として大幅割引になる。続いて、浅川前課長補佐の逮捕で話題になった自家用車通勤。中央官庁の公務員で自家用車通勤が公認されているのは外務省だけ。「時差のある外国とのやり取りが多く、仕事がしばしば深夜に及ぶため」（外務省）というのが公式の理由だ。

　国内だけではない。在外公館の実情もひどい。大使は、赴任先で客を招待した時に備えて一流ホテルの料理人を日本から雇い、連れていく。理屈はそうだろうが、問題は接待相手だ。大使館の宴会場は、家族や日本の国会議員の視察団など内向きの接待に使われるケースも少なくないという。

　ノンキャリアのロジ担は、こんな特権意識をいやが応でも持たざるを得ない状況に身を置く一方で、キャリアへの劣等感が入り交じった複雑な思いが心の内に巣くっていたのではなかったか。松尾元室長が競走馬の購入に入れあげ、浅川前課長補佐が外車で通勤したくなる行動も、何となく理解できる気がする。

　事件捜査は、ほぼ一段落した。しかし、私にはキャリアは「うまく捜査の網から逃げたな」としか見えない。外交機密費に象徴される外務官僚への特別視を改め、外交官も公務員なのだという当たり前の意識をキャリアたち自身が確認すること。それが、事件を我がことと受け止めるための第一歩だ。「助かった」などと胸をなで下ろしているようでは、外務省は同じ不祥事を繰り返すに違いない。

（「毎日新聞」二〇〇一年十月十二日付）

いま振り返ってみると、こうした記者クラブ内での熾烈な特ダネ競争にどれほどの意味があったのかと考え込む機会は少なくない。厳しい競争を続けるうちに、徐々に世の中が見えなくなってくるような気がしているからだ。競争をしている当人たちは毎日必死で、その頑張りを否定するつもりはない。ただ、力を傾ける方向をもう少し変えたほうがいいようにも思う。

厳しい職場で鍛えられたことは、その後の私にとって大きな自信になったし、いまでもあのころの生活はいい思い出だ。だが、デジタル時代に読者に訴えかけていくような原稿をどう書くのか、という課題を考えると、これまでのやり方が通用しなくなっていることも確かだ。かつては「花形」と言われ、テレビドラマにもなった事件記者だが、そろそろそのあり方を問い直す時期なのかもしれない。

5 旗本やっこ、町やっこ

あるとき、なにかと世話になった警察官が下町の警察署に幹部として赴任した。お祝いを兼ねて日本酒の一升瓶を抱えて自宅を訪ねた。かなり酒を飲んで酔いながら聞いたのだが、いまでもよく覚えている話がある。

彼は「齊藤さん、下町は大変だよ。町の人が警察を信頼してくれてない」と言う。「そんなことはないでしょう」と応じると、「旗本やっこ、町やっこって言葉知ってる?」と聞く。「なんですか、それ」と問い返すと、「旗本やっこっていうのはさ、幕府や大名のための治安部隊なんだよね。町やっこが町人のために治安を守る人たち。これっていまで言う警察とヤクザなんだよな。昔は江戸の町はヤクザに守られてた。よく火消しっていうじゃない。あの連中なんて半ばヤクザだからね。十手を持ってる岡っ引きなんてのも半分ヤクザ。でも、旗本やっこは幕府の味方だ。だから人気がない」。つまり、国の治安を守るために働いている警察官は、下町の人たちから見ると「旗本やっこ」に見えるということらしい。幕府(お上)の味方は今も昔もなかなか信頼してもらえないというわけだ。

話を聞きながら、私は暴対課の捜査員に聞いた話を思い出していた。一九九九年六月、指定暴力団・山口組系と国粋会系のいくつかの組織が、暴力団対策法の組事務所使用制限命令を受けたときのことだ。

発端は山口組系と国粋会系の抗争だった。東京・銀座や目黒などを舞台に派手に拳銃を撃ち込む事件が続き、暴対課が伝家の宝刀を抜いた、そんな案件だった。使用制限を命じられた組織のうち国粋会系・金町一家は、俗に山谷と呼ばれる台東区清川周辺の労働者の町を縄張りにしていた。山谷の通称ドヤと呼ばれる簡易宿泊所が立ち並ぶ一角に、金町一家の組事務所があった。暴対課も取材対象だった私は早速、取材に向かった。

山谷のマンモス交番（筆者撮影）

地下鉄日比谷線の三ノ輪橋駅で降りて少し東に歩き、泪橋という交差点で明治通りを渡る。ちなみにこの泪橋はマンガ『あしたのジョー』（原作：高森朝雄、作画：ちばてつや、一九六七―七三年）の舞台としても有名だ。江戸時代には北側に小塚原の処刑場があり、処刑される罪人と親族が今生の別れをする場所だったため、この名がついたと言われている。周辺にはコツ通りという商店街もある。ビルを建てるために土を掘り返したら人骨がたくさん出てきたのでそう呼ばれるようになったという。人骨は、江戸時代に処刑された罪人の骨だとうわさされた。

その泪橋から吉野通りを南に行くと、少し風景が変わってくる。なにをするでもなく歩道の縁石に腰を下ろす男性。昼間から缶酎ハイをあおるおじさんたち。少し寒い日には一斗缶で火をたいて暖を取る人たちもちらほら見える。この辺りが労働者の町・山谷の中心だ。

吉野通り沿いには「山谷のマンモス交番」と呼ばれる四階建ての日本堤交番がある。通常の交番よりも数倍大きい、この地域の治安維持の拠点だ。都内でもこの規模の交番は、新宿歌舞伎町など数カ所しかない。そんな町の裏通りの一角に金町一家の組事務所があった。

事務所前では、暴対課の捜査員がしっかり入り口を固めていた。そのうちの一人が顔見知りの捜査員だった。「暑いのに大変ですね」などと話しかけると、「場所柄もな」と応じてきた。しばらくよもやま話を交わしていると、組事務所の様子を見にきたのだろう。いかにも改造車風の乗用車が速度を落として通りかかった。突然、助手席に乗っていた男が怒鳴った。「おい！ おれたちを追い出して、火付けが横行しても知らねえぞ！」。そのまま通り過ぎたが、私にはなんのことかわからなかった。「いまのなんですか？」と聞く。捜査員は「ああ。連中、「山谷の治安を守ってるのはおれたちなんだぞ」って言いたかったんだろ」とさらりと答えた。

山谷は日本全国から流れ者が集まる場所だ。食い詰めた労働者が最後にたどり着く場所でもある。なかには気が荒い人間もいるし、世の中に不満をもつ人間も少なくない。組員は、マンモス交番の警察官の目が届かないところで、そんな町の治安を守っているのはおれたちなんだぞ、と言いたかったらしい。山谷ではかつて、左翼系の山谷争議団と国粋会系の暴力団が対立していた。一九八〇年代には山谷争議と呼ばれる抗争もあって、暴力団と左翼系団体が対立して殺人や暴行といった事件が頻発した時代もあった。そんな歴史的な背景が組員に「火付けが横行しても知らねえぞ」と言わしめたというのだ。

下町の警察署幹部になった捜査員は私に、「齊藤さん、まずはあいさつだよ」と語りかけた。「朝晩、町の人に交番の警察官が明るくあいさつをする。なにかあれば親身になって相談に乗る。その積み重ねが警察への信頼感につながるんだよ」と言う。確かにヤクザが町の人たちの相談に乗って困りごとを解決するという話は聞いたことがある。もちろん、見返りに謝礼や用心棒代としての「みかじめ料」を取っての話だが。それでも「町のよろず相談屋さん」で、「困ったときにはあそこの角の親分に相談してみな」といった感じだったのだろう。

下町の警察署は私に様々な景色を見せてくれた。警察と暴力団、そして庶民の生活。下町では暴力団も町に溶け込んでいるように見えた。そこには祭りや冠婚葬祭、そして選挙も絡む。暴力団対策法ができたからといって、竹を割ったように「暴力団は悪」とはいかない日本社会のありようも見えてきた。

6 裏経済を取材して

警察担当の記者はなぜ「捜査一・三課担当」と「捜査二・四課担当」に分かれているのだろうか。一・三課は比較的わかりやすい。一課が殺人や強盗、誘拐などのいわゆる強行犯と呼ばれる荒っぽい犯罪捜査を担当する。三課はスリや窃盗など盗犯捜査を担当する。そのため両者は親和性が高い。では、一方の二・四課はどうだろう。二課は汚職や詐欺、商法違反などの経済犯罪、いわゆる知能犯を捜査する。四課は、といえば、こちらはいまで言う組織犯罪の捜査を担当する。組織犯罪とは、つまりは暴力団が絡むような犯罪だ。いまでは絶滅危惧種とまで呼ばれている総会屋を含め、表には出てこないいわゆる裏経済の担い手たちが広く取材対象に入る。

さらに、当時は暴力団対策課という部署があり、これも担当した。一九九二年に施行された暴力団対策法に基づく措置を講じるための情報収集や行政命令の執行などを担当する部署だった。前節で紹介した山谷のエピソードでは、この暴対課が活躍した。

こうした裏経済の世界と表経済の世界のプレーヤーたちが複雑に交錯していたのがバブル経済の時代だった。私は日本長期信用銀行や日本債券信用銀行の経営破綻に絡む事件を取材したが、東京大学出身のエリート銀行員がバブルに踊り、のちにバブル紳士と呼ばれるようになった不動産ブローカーや暴力団のフロント企業などに次々と大金を貸し込んでいった実態が浮き彫りになったのもこのころだ。彼らは裏経済のプレーヤーに貸し込んで積もりに積もった不良債権の処理に困り、架空のペーパーカンパニーを大量に法人登記し、その架空会社に債権を譲り渡したように見せかけて隠した。

あるとき、先輩と一緒に法務局で不動産登記と法人登記をあさっていると、次々に奇妙な名前の会社が出てきた。法人登記された住所を見ると、どれもみんな東京都千代田区神田神保町近くの同じ住所になっている。会社名にはすべて皇居の門の名前がついていた。「大手企画」「桜田企画」「田安企画」「和田倉企画」などといった具合だ。

「これ、変だなあ」「変ですね」。私たちは早速、住所地の建物に行ってみた。すると、そこには再開発から取り残されたような古い雑居ビルがポツンと立っていた。建物は五階建て。看板はなにもかかっていない。先輩と二人で郵便受けを確認する。

「あった、あった。これはひどいですね」。顔を見合わせたのをよく覚えている。郵便受けには「和田倉企画」「大手企画」などペーパーカンパニーの名前を書いたノートの切れ端のような紙がびっしり貼り付けてあったのだ。

このように返済の見込みがない焦げ付いた債権を架空会社に付け替えて隠す手法を「飛ばし」と呼ぶ。本当は、銀行がワケありの会社に貸したお金を回収できなくなっているのだが、銀行は「和田倉企画」のような架空会社に債権を譲ったことにして、銀行本体の帳簿から不良債権を消してしまう。一九九〇年代、バブル経済が崩壊したあと、巨額に膨らんだ債権の焦げ付きを隠すため、日本の金融機関は相次いでこうした手法に頼った。

もっと早く損失を計上してバブル期の放漫融資の非を認めていれば、日本経済はその後の長期停滞を避けられたかもしれない。もはや後の祭りだが、当時の政府や金融機関経営者の責任は「仕方なかった」の一言では片付けられない。

いま思い返してみると、一九九〇年代というのは、まさに「時代の変わり目」だったと実感する。八九年のベルリンの壁崩壊に象徴される東西冷戦の終焉を経て、世界の秩序は大きく変わった。世界のマーケットは旧共産圏を加えてほぼ二倍に拡大し、発展途上国の成長もそこに加わった。

一方で、IT革命が世界の情報通信環境を一変させた。スマートフォン全盛の現在につながる変化だった。ところが日本は、バブル時代の不良債権という重荷を背負ったまま、変化に対応できなかった。

私は警視庁二・四課担当として経済の闇の部分をじっくり観察した。この厳しくも楽しかった警視庁七社会時代の経験が、経済部に異動したあとの私にとって大きな糧になったのだといまにして思う。

Q&A 3

Q：取材先ともめたり訴訟ざたになったりすることはある？　そのとき会社は記者を守ってくれる？

A：私も社会部や経済部で取材をしていたころ、取材先からの内容証明郵便を何度か受け取ったことがあります。

内容証明郵便とは「いつ、いかなる内容の文書を誰から誰あてに差し出されたかということを、差出人が作成した謄本によって当社〔日本郵便：引用者注〕が証明する制度です」（日本郵便ウェブサイト〔https://www.post.japanpost.jp/service/fuka_service/syomei/〕［二〇二一年五月十二日アクセス］）。つまり、「私は間違いなくあなたにこの文書を送りましたよ」と相手が意思を伝えてくる郵便のことで、「訴訟の用意がありますよ」とファイティングポーズを示す際に送る文書です。

幸い、私の場合、訴訟にまではなりませんでしたが、長年取材をしていれば、どうしても取材先に恨まれるような内容の記事を出さざるをえないこともあります。相手が喜ぶような記事だけを書いていたのでは、権力を監視することはできませんし、理不尽な扱いを受けて被害に遭っている弱い立場の人を救う手助けもできません。

こうした事態に対処するため、新聞社には法務室（部）という部署があり、顧問弁護士とも連絡を取り合いながら組織的に訴訟準備を進めます。

もちろん、記事の内容に明らかな間違いがある場合には、「訂正」「謝罪」することもありますが、相手の主張が原稿の中身とは違っていたとしても、記事内容の事実関係に誤りがないのであれば、会社はとことんまで記者を守り、裁判で争います。こうした保証がないと、記者も力いっぱい仕事をできませんから、危機管理に関わる部署は非常に重要です。

Q：心身ともにかなりハードと言われるが、余暇の時間はある？　記者にも働き方改革はある？

A：外から見ると、そう見えるのでしょうね。ただ、私は見た目ほどハードな仕事ではないと思っていますし、要領よく仕事をこなせば余暇の時間も十分にもつことができると思っています。

記者には決まった出社時間も退社時間もありません。おもしろい原稿さえ出していれば、どこでなにをしていてもとがめられることはありません。もちろん大きな事件や事故、災害などがあった際には拘束時間が長くなることもあります。ただ、最近ではかなり働き方改革が進んできていますから、「寝る時間もないような忙しさ」はほぼなくなっているはずです。

もちろん四六時中、会社にいる必要はありませんし、取材に出た帰り道で車を道路脇に止めて昼寝するなど自分なりの方法で体力を回復することは大事です。逆に言うと、勤務なのか休みなのか判然としないことも少なくありません。

Q：記者職で入社しても、営業職や整理部の編集担当など、ほかの部署に異動になることはある？

A：もちろんあります。ただ、テレビ局のように大半の記者が営業職を経験するというような制度はありません（あくまで「毎日新聞」の場合ですが）。

記事の見出しを付けたり、割り振りを決めたりする編集者（整理部）の仕事を経験している記者は意外に多いです。私自身、長野支局から東京本社に異動した直後の二年間、整理の職場を経験しました。

そのときの経験は、のちに自分が経済部のデスクになったときにとても役に立ちました。新聞がどのように商品として作り上げられていくのか、その過程は編集者でないとなかなか見えません。編集者の考え方やモノの見方を教わったことも、自分が原稿を書く際に大いに役に立ちました。

Q：ジャーナリストに年齢制限はある？　中途採用はしている？

A：最近は各新聞社とも中途採用の割合を増やしています。毎日新聞社でもそうですが、中途採用の記者のほうが即戦力になるという認識が定着しているように思います。

「新聞社」に就職するという意味であれば、年齢制限はあると思います。中途採用であっても五十歳を超えてから新聞社に就職するのは難しいかもしれません。

ただ、フリーを含めたジャーナリストという意味であれば、年齢制限は存在しません。自分自身の気の持ちようだと思います。現に六十歳を超えていてもジャーナリストとして優れた仕事をしている人を私は何人も知っています。

第5章
経済を取材する

1 経済記者の仕事

読者のみなさんは経済記者と聞いて、どんなイメージをもつだろうか。ジャーナリスト志望者の多くは、記者と聞くと反射的に社会部や政治部の記者を想像するようだ。

確かに事件記者は花形だ。日々、予想もしなかったような事件や事故が起こり、記者としてのやりがいを感じることも多い。政治部も、テレビの映像で首相の記者会見などを目にすることがあるせいか、一般の人にもイメージしてもらいやすいようだ。

それらに比べると、経済記者は少々地味な印象かもしれない。難しい決算資料とにらめっこしながら企業の広報担当や財務担当に質問し、数字の羅列のような原稿を書く。新聞社で働く同僚のなかにも、そんなふうに思っている人間が少なくない。私自身も経済部に異動するまではそう思っていた。

だが、実際の経済取材はもっとおもしろく、奥が深い。しかも経済は、私たちの生活にとって欠くべからざる重要な取材領域だ。日本がかつて「ジャパン・アズ・ナンバーワン」と呼ばれたのは、強い経済力があったからだし、この三十数年間で世界に大きく遅れを取ってしまったのも経済の失策が大きな原因だ。

経済を知ることは社会を知ることであり、この日本という国を知ることにもつながる。私は経済部に異動して数年後、経済記者についての以前の自分自身の不明を恥じた。

2 兜町で知ったこと

二〇〇二年四月、私は社会部から経済部に異動した。それまで警視庁の捜査二・四課担当として裏経済の取材には関わってきたが、本当の意味での経済取材は初めての経験だった。

配属されたのは株価の上がり下がりを原稿にするマーケット担当、いわゆる「兜担当」だった。日本経済の表の顔は、私がそれまで接してきた裏の顔とは大違いだった。記者クラブがある東京・兜町の東京証券取引所で取引している投資家の六、七〇パーセントは「外国人投資家」だった。大手証券会社では英語が飛び交い、それまで私が接してきた取材対象とは明らかに種類が異なる人たちだった。

警察回りのころにはくたびれたジャケットを着ていた私だが、外資系企業に勤める友人から「ビジネス界の人間は服装を見るからきちんとスーツを着ないとなめられるぞ」と言われて、身だしなみを少し考えるようになった。

兜町にある東京証券取引所（筆者撮影）

確かに、証券業界の人たちはいつもビシッとスーツを着こなしていた。のちにアメリカで仕事をしてみてわかったのだが、ニューヨークのウォール街で仕事をする人たちもまさにそうだった。まるでドレスコードでもあるかのように高級スーツを着て、ピカピカに磨き上げた靴を履いていた。取材で証券会社を訪れるたびに、私はなにか場違いな空間に紛れ込んでしまったような居心地の悪さを感じた。

そんな日本の証券業界には、かつてガリバーと呼ばれた業界トップの野村証券という会社があった。私のようにバブル時代に大学生だった人間からすると、「野村」と聞けば、厳しい営業ノルマと生き馬の目を抜くような攻撃的な営業集団を想像したものだが、二十一世紀の野村証券には、すでに往年の雰囲気はなかった。「スマートな金融マン」。それが、野村証券社員に対して私が抱いた第一印象だった。

野村証券の幹部への取材は、いつもとてもいい勉強になった。自分の目が世界に向けて開かされていくような感じさえ覚えた。株式でも債券でも、取材をするたびに自分の知識不足を痛感させられた。自分より少しだけ年上の、ほぼ同世代の社員が、みな難しい金融用語で会話し、欧米での留学や仕事経験を生き生きと語る。学生時代に海外を旅していっぱしの国際派気取りだった私は、完全に鼻をへし折られた。

ある日、そんな野村証券の部長に話を聞きにいった。彼は証券業界や銀行業界の歴史、合従連衡の今後の見通しなどを話しながら、ふと窓の外に目を向けた。「齊藤さん、われわれは日本の証券業界なんて実はどうだっていいんですよ」と驚くようなことを言う。

野村証券といえば業界のリーダーだ。私は「なに言ってるんですか」と返した。すると彼は「われわれにとって最大の目標はあそこだよ」と窓の外を指さした。そこには、日本橋の野村証券本社（当時）を見下ろすように立っている再開発ビルがあった。壁面にはアメリカの大手証券会社メリルリンチの大きなロゴが貼り付けられていた。

ビルは地下鉄日本橋駅の真上、旧・東急百貨店日本橋店の跡地に立っていた。二〇〇三年当時はまだオープンしていなかったが、メリルリンチの日本法人がこの再開発ビルのほとんどのフロアを借りることになっていた。メリルリンチといえば当時は投資銀行として一世を風靡する存在で、JPモルガンやゴールドマンサックスとともにアメリカ金融界、いや世界の金融界をリードしていた。

ゴールドマンサックスは完成したばかりの六本木ヒルズの高層階に入居していた。専用の金色のエレベーターがあり、スターバックスコーヒーが社員のためだけに店舗を出していた。まだグーグルやアマゾンが株式上場する前、フェイスブックは存在せず、アップルは経営危機に瀕していたころの話だ。

一方、当時の日本の金融機関は瀕死の状態だった。一九九七年に四大証券会社の一角、山一証券が衝撃の自主廃業に追い込まれたのを皮切りに、日本を代表する日本長期信用銀行や日本債券信用銀行といった大手銀行が相次いで経営破綻した。旧都市銀行も単独での生き残りが厳しくなり、第一勧業銀行と富士銀行、日本興業銀行が統合して、みずほフィナンシャルグループと名を変えた。三井銀行と住友銀行も合併し、三井住友銀行になるなど金融地図は大きく塗り変わっていた。

統合してできたメガバンクの経営状態も思わしくなかった。バブル期から抱え続けてきた不良債権が経営を圧迫しつづけていたからだ。日本の銀行に向けられた世界の目は厳しく、信用は地に落ちていた。日本の金融機関は世界のマーケットで資金調達をしようとしても、高い金利をふっかけられ、資金をうまく集められないこともあった。

最後には、自己資本比率を維持するためにどうしても資金調達が必要になり、背に腹は代えられず、外資系投資銀行に出資を頼んだ。依頼した先は、潤沢に資金を保有し、日本の市場にも関心をもっていた世界有数の金融機関群だ。三井住友銀行はアメリカ・ゴールドマンサックスから千五百億円の出資を受け、大手証券の日興証券はアメリカ・シティグループに助けを求めて傘下に入った。

私と話した野村証券の部長ははっきりと、「あそこでわれわれを見下している連中をいつか追い抜いてやるのが最大の目標なんだ」と言っていたのだ。

「日本の存在は世界でそこまで小さくなっているのか」。経済を取材してみてはじめて、バブル崩壊から十年ちょっとで大きく変わってしまった世界経済地図と、そのなかでの日本の立ち位置が見えてきた。

そのときは、私も取材相手の部長も、まさか五年後にメリルリンチという会社自体がなくなってしまうとは夢にも思わなかったのだが、その話は次章で詳しくふれたい。とにかく、兜担当になった私は、日本経済が世界とつながっていること、想像以上に金融業界がグローバル化していること、そして日本も経済を立て直すためにはグローバル化への対応を避けては通れないことを学んだ。

3 学びの場

経済部の記者になって、一つとても驚いたことがあった。取材相手との関係性だ。社会部時代には、相手に甘く見られないように、取材前には必死に事件や相手のことを勉強してから取材に臨んでいたのだが、経済部では少し勝手が違った。

兜町の証券業界でも、自動車や電機などの製造業でも、小売や食品を含む流通業界でも、とにかく広報担当の人たちがやさしく丁寧に業界のことを教えてくれるのだ。

あとから振り返ってみれば、広報担当者の重要な仕事の一つに「記者への教育」があったのだと気づかされる。担当になったばかりの記者が、業界内のことをよく理解しないままに的外れな記事を書いたとする。そのとばっちりは各社の広報部に向かうのだ。社内ではほかの部署から責められ、消費者や取引先には「新聞で読んだんだけど、オタクの会社はこんなことをしてるのか」などと批判されることになる。

広報部の担当者にとって、まずはシロウトの記者を、業界の内部事情に精通したいっぱしの「業界記者」にどのように育てるか、が大きなミッションなのだった。取材するうちに私はうすうすそう気づき始めたが、とにかく勉強して覚えなければいけないことが山のようにあった。そこで、しばらく広報担当からレクチャーを受けられる機会を有効活用させてもらった。

私は各証券会社や証券取引所などの広報部に日参した。あるいは東京証券取引所の三階にある記者クラブ、通称・兜クラブに顔を出してくれる広報部員をつかまえて質問攻めにした。そうするうちに、なぜ兜クラブが経済記者としての「新人教育」の場に適しているのかが徐々にわかってきた。

兜クラブでは、上場企業の決算期になると、東京証券取引所に上場するすべての企業（当時でも約千六百社あった）が決算発表の記者会見を開いていた。上場企業の情報開示ルールとして、そう決まっていた。つまり、私たちからすれば、兜クラブは、いながらにして決算書の読み方や取材のポイントを連日、教わることができる絶好の場だったのだ。しかも、記者会見するのは大半が上場企業の社長本人なのだ。

なかにはせっかく社長が来ているのに、記者が一人もいないような記者会見もあった。それもそのはずだ。なにしろ千六百社のうち大半が、ほぼ同時期に決算発表するのだ。各社の担当者は、決算報告書を兜クラブの受付近くにある報道各社のメールボックスに入れるのだが、何百人もの担当者が一斉に詰めかけ、この日の兜クラブは大変な騒ぎだった。決算資料を手にした広報担当者でごった返す映像をテレビなどで見たことがあるかもしれないが、まさにあの場所こそが兜クラブだ。

私は、記者があまりたくさんいない企業の記者会見にあえて参加した。いまから考えれば恥ずかしくなるような初歩的な質問でも、社長たちは気持ちよく答えてくれた。上場企業の社長と次々に話せる機会はそうあるものではない。いま、思い返してみても、とても贅沢な空間だったと思う。

小さな半導体の会社の社長が、国際情勢を滔々と聞かせてくれたこともあった。中堅建設会社の社長は、銀行の不良債権処理が自分たちの業界にどのような悪影響を及ぼしているかを訴えた。みんな社員のことを思い、日々懸命に資金をつなぎ、会社を経営している人たちだった。

4 時代の寵児

ライブドアの堀江貴文元社長とともに「時代の寵児」ともてはやされた投資家の村上世彰に初めて会ったのも兜クラブだった。当時はまだ、一部の経済記者の間でしか名前を知られていなかった村上は、投資ファンドの代表という立場で何度も兜クラブで記者会見を開き、日本企業の体質の古さや株主を顧みない日本型経営の問題点を訴えかけた。

「日本経済の復活には、企業体質の刷新が絶対の必要条件だ」と彼は力説した。経済産業省を辞めて間もなかった当時の彼には勢いがあり、私はその話にしばしば引き込まれた。彼はその後、「物言う株主」の代表格として大手企業に恐れられるようになる。

彼は、「利益を上げているにもかかわらず、株主への還元が少なく、しかも体質の古い企業」を狙い撃ちにした。ターゲットになった企業の株式を買い付け、有力な株主として企業改革に向けた株主提案を次々に突き付けていった。

彼が少し甲高い声で経営者の姿勢を責める舌鋒は鋭く、しかも主張の一部は理にかなっていた。彼の急進的な株主偏重の訴えには眉をひそめる人が多く、企業経営者にとっては忌むべき存在とも言えたが、低迷する日本経済を変革していくには、彼のような「劇薬」が必要なのかもしれない、と当時の私はひそかに思っていた。

ところが、村上は意外なところでつまずいた。

私が金融庁を担当していた二〇〇六年一月、ライブドアの堀江社長（当時）が証券取引法違反容疑で逮捕されると、村上も六月になって「ライブドアによるニッポン放送株大量取得の情報を事前に知ったうえで、ニッポン放送株百九十三万株を違法に買い付けた」として証券取引法違反（インサイダー取引）容疑で東京地検特捜部に逮捕されたのだ。最高裁判所まで争った末、結局、一一年六月に懲役二年執行猶予三年の判決が確定した。

年創刊）明治25年3月8日第3種郵便物認可　2006年（平成18年）　6月5日　月曜日　（日刊）

インサイダー認める

ニッポン放送株

村上代表 逮捕へ

3分の1取得 ライブドアに要請

「村上ファンド」の証券取引法違反疑惑で、村上世彰《むらかみよしあき》代表(46)が04年9月、ライブドア（LD）前社長の堀江貴文被告(33)＝証取法違反で起訴＝と面談し、ニッポン放送株の3分の1を取得するよう持ち掛けていたことが分かった。LD側は同年11月8日、正式に同意することを村上代表側に伝え、村上代表側はこの大量取得情報を基に翌9日〜05年1月26日、同放送株計193万余株を買い付けていた。東京地検特捜部は5日、村上代表を同法違反（インサイダー取引）容疑で逮捕する。村上代表は同日午前、東京証券取引所で異例の記者会見を行い、容疑を事実上認めたが「法律上の解釈の問題」とし、こうした点は否定している。（社会面に関連記事）

調べによると、村上代表は04年9月15日、部下とともに、堀江前社長と前財務担当取締役の宮内亮治被告(38)＝同＝と東京都内で面談。この席で「村上ファンドは、ニッポン放送株を17％持っている。LDが3分の1（約33％）を買い付ければ過半数となり、同放送が手に入る。ひいては（当時子会社だった）フジテレビを支配できる」などと同放送株の大量取得を持ち掛けたという。

これを受け、LD側が試算した結果、大量取得には約600億円の資金が必要と判明。ライブドアファイナンス社長で執行役員だった中村長也被告(38)＝同＝が実務役となって資金繰りを進め、9月22日には「200億円は大丈夫。めどがついた」などと村上代表側に連絡したという。

その後、宮内前取締役が大量取得の意向を11月

異例の釈明会見

「投資活動から引退」

村上代表は5日の会見で、ニッポン放送株取得の経緯などについて説明し、「多大なご迷惑をおかけした」と謝罪した。インサイダー取引については「株でもうけようとしたわけではない」と釈明したものの「構成要件には当たる。プロ中のプロとしてミスがあった」と容疑を事実上認めた。また「東証で会見するのはこれが最後」と、今後ファンドから身を引く意向を明らかにした。

東京地検特捜部の任意の事情聴取に対しても、3日までは否認を続けていたが、4日になって認め、調書に署名したことを明らかにした。

調べでは、04年9月15日にライブドア側と面談し、3分の1の大量取得を持ち掛け、11月8日の面談で取得の意向を伝えられたとされ、これが容疑の中核。これについて、村上代表は「私に共鳴してくれる人に、ニッポン放送株を少しでも買ってほしかった」と、インサイダー取引の構成要件となる5％以上の大量取得とは知らなかったという認識を示した。

しかし、11月8日の面談について「確かに宮内（亮治前取締役）さんから『やりましょう』と聞いてしまった。これが5％買い集める準備と（検察は）いう。調書のその部分についてサインした」と述べた。さらに、容疑は法解釈の問題との認識を示した。

ニッポン放送株のインサイダー取引容疑について会見で謝罪する「村上ファンド」の村上世彰代表＝東京証券取引所で５日午前11時、野田武写す

記者会見で謝罪する村上世彰
「毎日新聞」2006年6月5日付、夕刊

のちに大阪地検特捜部の証拠改竄事件が発覚した際、ライブドアの元社長・堀江は「毎日新聞」の取材に対して以下のように答えている。

「特捜部は「出る杭を打つ」のが仕事だということでしょ。「あいつ、気に入らない」というレベルでターゲットを決めて、どの法律の条文で摘発するかを考える、そこに問題があるんじゃないかと思った。（略）新しいことをする人や成り上がり者を摘発したがる。リクルートの江副浩正さん、村上ファンドの村上世彰さんもそうでしょう。彼ら（特捜部）の正義は保守中の保守で、坂本龍馬ら幕末の志士らを取り締まった『新選組』のそれに似ている。当時は幕府を守ることが正義だったのに〔大河ドラマの：引用者注〕『龍馬伝』では悪者として描かれる。オセロみたいに何かのきっかけで白が黒になっちゃうような正義。だから冤罪を生みやすい」（「毎日新聞」二〇一〇年十二月十日付）。検察捜査への批判だけでなく、古い体制を意固地に守ろうとする日本社会への批判にも聞こえた。

当時の私は、「法律に違反する行為があったのだから、摘発されるのは仕方ないのでは」と考えていた。しかし、その後の日本経済や社会のありようを考えると、あの一連のライブドア事件がなければ、日本経済はもっと違った道を歩んでいたのではないか、とも思う。

東京地検の捜査をやりすぎとは思わないが、村上や堀江があのまま活躍を続けていれば、もう少し違う現在があったのではないか。一連の事件をきっかけに、若い世代による改革の声はしぼみ、日本経済は大きな復活のきっかけをつかみ損ねた。いまではそんなふうに考えている。

5 銀行取材のおもしろさ

経済取材のなかでも銀行取材のおもしろさは格別だった。銀行員と聞くと、お札を数えているような硬いイメージをもつかもしれない。しかし、実際の銀行員は私たち新聞記者と同様に情報を扱う人たちだった。

「ここだけの話」や「裏話」が大好きで、二〇二〇年夏にＴＢＳテレビで放映されたドラマ『半沢直樹』に出てくるような権謀術数に長けた「くせ者の集団」でもあった。金融機関は、政治家や官僚ともときに対立し、ときに協調しながら企業の生殺与奪を握っている、そんな特殊な企業体だった。

二〇〇四年春、メガバンクの一つであるＵＦＪ銀行が金融庁に追い詰められていた。前年から始まった金融庁の特別検査は厳しく、ＵＦＪ銀行は、お金を貸し込んでいる大手企業の経営状況を徹底的に調べられていた。特別検査とは、大手銀行の大口融資先の状況を確認するために、金融庁が実施する検査のことだ。通常の金融検査とは違い、銀行の決算作業と並行して実施し、決算に検査結果を反映させるのが特徴だ。銀行が実施する自己査定が的確かどうかを調べ、自己査定が不十分で、融資先の格付けを引き下げる必要があると判定された場合、銀行は決算で将来の損失に備えて計上する貸倒引当金を積み増さなければならない。

以下は、のちに金融庁の検査官に聞いた話だ。

二〇〇三年の冬も近づいたある日のこと。金融庁の検査官数人が、東京都千代田区大手町のＵＦＪ銀行本店の役員用エレベーターに乗っていた。検査会場になっている会議室に向かうためだった。「エレベーターに乗っていたら、途中の階から何人かの行員が段ボール箱を抱えて乗ってきたんだよ」。検査官は私に顔を近づけて声をひそめた。私が先を促すと「それがさあ、行員たちは検査官を同じ銀行の行員だと勘違いしたらしくて、『なんでこのエレベーターに乗ってるんだ』と責めるような口調で話しかけてきたんだ」と当時の様子を語り始めた。念のために断っておくと、この検査官は現場に居合わせたわけではない。あくまで居合わせた同僚に聞いた話を私に教えてくれたのだ。

検査官の一人が「われわれはこういうものです」と金融庁の身分証を見せて、「その段ボールはなんですか？」と尋ねると、行員の一人が驚愕の表情を浮かべたという。

検査官は「それでどうしたと思う？」と聞くので、「どうしたんですか？」と返すと、「いきなり箱のなかにあったメモ帳を口に入れたらしいんだよ」と真顔で答えた。

うわさは本当だった。ＵＦＪ銀行の行員が、融資先に関する重要な資料をどこかに隠したという話がまことしやかに流れていたのだが、うわさの一つに「行員が大切なメモを食べてしまった」というものがあったのだ。

当時の金融庁検査は執拗だった。そもそも金融庁は、旧・大蔵省銀行局、証券局だった時代から不良債権処理をめぐって金融機関と深い因縁があった。一九九八年には大蔵省接待汚職、いわゆる「ノーパンしゃぶしゃぶ汚職」で東京地検特捜部の捜査まで受けていた。そのときに接待した側が大手金融機関の大蔵省担当、通称「MOF担」だった。

捜査の過程で大蔵省はズタズタになった。失脚した幹部、逮捕された職員、なかには自ら命を絶った職員もいた。そして大蔵省は財務省と金融庁に分離され、解体されたのだった。

銀行もバブル経済崩壊後の長いトンネルを抜けられないまま、不良債権処理の泥沼にはまり込んでいた。検査をする側にも、される側にも強い意地とこだわりがあった。そんな時代だった。

そこに二〇〇一年、登場したのが小泉純一郎首相（当時）と竹中平蔵経済財政担当相（当時）だった。通称小泉・竹中プランと呼ばれた金融機能正常化のプログラムは、各金融機関に融資先への査定を厳格におこなうよう求めるものだった。

それまで金融機関が金を貸し続けることでかろうじて生き長らえてきたゾンビ企業を徹底的にあぶり出し、バブル時代の膿を出しきるというのが、小泉・竹中プランの最大の狙いだった。金融庁の特別検査は、そのための「切り札」だったのだ。この政策の結果、化粧品大手のカネボウや大手スーパーのダイエーなどが事実上の経営破綻と認定され、政府がつくった産業再生機構の下で経営再建を図るという道に追い込まれていった。

当時、銀行業界では「次は三井住友らしいですよ」とか「みずほには来年も入るらしい」などといった特別検査をめぐる真偽不明のうわさが飛び交っていた。金融機関からすれば、一度に大量の不良債権を処理してしまうと自分たちの銀行自体が存続できなくなる恐れがあった。もちろん経営陣は責任を問われることになる。金融機関側も必死だった。

二〇〇四年当時、ＵＦＪ銀行の幹部から繰り返し、金融庁への恨み言を聞かされた。「これじゃ、金融機能は強化される前に壊れてしまう。金融庁はなにもわかってないいんだよ」

互いに意思疎通がうまくいかないままＵＦＪ銀行への金融庁検査が続いた。

6 ラストバンカーの眼光

私が銀行担当になった二〇〇四年四月、ＵＦＪ銀行は決算発表を間近に控え、身動きが取れなくなっていた。経営に行き詰まったＵＦＪ銀行は約五カ月後、東京三菱銀行に事実上救済されるようにして統合されて日本最大の金融グループ三菱ＵＦＪフィナンシャルグループが誕生するに至る。

当時の私は、連日、頭取など各銀行の役員を夜回りし、昼間はうわさ好きの広報担当らと接触し、コーヒーを飲みながら情報交換した。いま振り返ると、日本の大手金融機関があのような崖っぷちの状況に追い込まれていたことが信じられない。それほどに異常な時代だった。そんな異常な時代を生き抜いた一人のバンカーがいた。元・三井住友フィナンシャルグループ社長の西川善文だ。

華奢な体形で白髪の彼は、遠目に見ると「人のよさそうなおじいさん」にしか見えない。ところが、近づいてみると身体全体から発するオーラが、ほかの銀行幹部とはまるで違った。

若いころには新聞記者になりたかったというだけあって、朝でも夜でも記者が自宅前で待っていると決して無視することはなかった。当時彼は、平日の夜は三井住友銀行が用意した六本木のマンションで寝泊まりしていた。

車寄せの近くで待っていると、必ず足を止めて「なんですか？　なにかありましたか？」と聞いてくれた。言葉遣いは丁寧だが、口元はいつも「への字」。目には相手を威圧するような眼光の鋭さがあり、視線を決して相手の顔からそらさない。

夜は各社の記者が鈴なりになるので、私はできるだけ朝、訪ねるようにしていた。たびたび一対一でストレートな質問をぶつけたが、まったく動じずに言葉少なく、しかし的確に答える。こちらの勉強不足や理解不足があると、途端に対応は冷淡になった。まるで連日、就職活動で最終面接を受けているような緊張感があったのを覚えている。

二〇〇四年七月三十日、その西川が、東京三菱銀行に突然、宣戦布告したのには心底驚いた。東京三菱は、すでにＵＦＪ銀行との統合協議を開始したと記者発表していた。午前八時過ぎ、六本木のマンション前で居並ぶカメラのライトを浴びた西川が自ら「ＵＦＪ銀行は、われわれ三井住友銀行と一緒になるべきだ」と語りだしたのだ。金融業界は蜂の巣をつついたような騒ぎになった。

当時、西川は「竹中平蔵大臣と親しい」とうわさされていた。アメリカ通の竹中にアメリカ投資銀行大手のゴールドマンサックスへの渡りを付けてもらい、出資してもらったとも言われていた。「竹中大臣が西川さんの後ろ盾になっている」。業界にはそんなうわさが飛び交い、東京三菱銀行の幹部は西川の参戦に明らかにうろたえた。一方のUFJ銀行はどうかといえば、救世主の候補が増えたことで、対東京三菱の交渉で少し立場が強くなった。当時の沖原隆宗頭取は、表向きは「東京三菱さんと一緒になる方針は変わりません」と繰り返したが、うわさ好きの金融業界関係者からは「同じ大阪発祥の銀行同士で、しかも営業力に定評がある三和(UFJ)と住友の組み合わせこそ、実は金融庁もUFJ幹部も望んでいる姿なのではないか」とささやく声が聞こえた。

もちろん結果は、読者もよくご存じのとおり三菱UFJフィナンシャルグループの誕生になるのだが、当時は、明日にも形勢が逆転するのではないか、と思うような空気が漂っていた。

私がここで強調したいのは、西川という希代の銀行経営者が示した発信力の強さだ。結果的に、三井住友銀行としては何一つUFJ銀行との間で統合について話し合った形跡はなかった。三井住友銀行の内部でどこまで議論されたのか、ということさえ定かではなかった。ところが、西川が記者を前に唐突に語った話は金融業界全体を揺さぶった。私はいまにいたるまで、あれほど発信力が強い経営者にお目にかかったことがない。

あの度胸とぶれない決断はどこからきていたのか。私は当時、西川の過去やバンカーとしての生

日本郵政

西川社長辞任を表明

民営化見直し「方針隔たり」

日本郵政グループの持ち株会社、日本郵政の西川善文社長(71)は20日、東京・霞が関の本社で記者会見し「閣議決定された郵政民営化見直しの基本方針は、私の経営方針と大きな隔たりがあり、職にとどまるのは適切ではないと判断した」と述べ、辞任する意向を正式表明した。28日に開く日本郵政の取締役会で辞表を提出する。

(3面にクローズアップ、7面に関連記事)

後任については民間企業出身者を軸に調整が進んでいる。亀井静香金融・郵政担当相は「できるだけ速やかに決めたい」と話しており、21日にも発表される見通し。

西川社長は会見の直前に亀井郵政担当相と会談し、亀井氏から郵政民営化見直しの基本方針について改めて説明を受け、最終的に辞任を決めたという。「かんぽの宿」の売却問題で、麻生政権時代に鳩山邦夫元総務相などから経営責任を追及された点については「不適切な点は一切なく、辞任の理由にはならない」と、あくまで経営方針の転換が辞任の理

会見で辞意を表明する西川善文・日本郵政社長＝東京・霞が関で20日午後6時42分、西本勝撮影

日本郵政の社長辞任を表明する西川善文
「毎日新聞」2009年10月21日付

い立ちを自分なりに調べてみた。その結果、見えてきたのは、不良債権と格闘してきた一人の銀行員の壮絶な人生だった。

のちに西川自身が『ザ・ラストバンカー——西川善文回顧録』(講談社、二〇一一年)という書籍にまとめているので、ここでは詳しくはふれない。ただ、バブル崩壊前後、一九九〇年代初頭の住友銀行が、裏の経済社会とかなり深く結び付いていたことは間違いない。もちろん、当時の日本の金融機関は多かれ少なかれ暴力団や総会屋、さらにはその周辺でうごめいていたフロント企業や不動産ブローカーらと関係をもっていた。しかし、大手銀行のなかで、現役の取締役支店長が何者かに射殺されたのは住友銀行だけだった。

いまでも鮮明に覚えているくらい、その事件は衝撃的だった。一九九四年九月、名古屋

市千種区の単身赴任先のマンション十階の自室前で、住友銀行名古屋支店長（当時五十四歳）が頭部に銃弾を受けて死亡したのだ。

私のような事件取材をしていた人間から見て、強盗に押し入られたわけでもないのに拳銃で射殺されるというのは暴力団の組長でもなければ考えられなかった。通常の事件取材では、暴力団同士の抗争事件か痴情のもつれによるチンピラの犯行を疑う。だが、住友銀行の事件は違った。明らかに名古屋支店長に狙いを定めた襲撃だったし、現場の状況から見て単なる物盗りの犯行ではなかった。事件は二〇〇九年に、未解決のまま時効になった。

結局、二〇〇四年に西川が仕掛けた大勝負は、金融庁が三井住友銀行にも特別検査に入り、融資先に関して厳しく追及したことで頓挫することになった。西川自身も三井住友フィナンシャルグループの社長を辞任することになった。のちに西川は自著のなかで「今から考えれば、ＵＦＪの沖原頭取などが私にサインを送ってきたのは、本音では東京三菱と組みたくはなかったのではないかと思う。それを機敏に感じ取り、もっと早く住友信託とＵＦＪ信託の統合を固めておけば、ＵＦＪ本体も我々の仲間となっただろう。正直に申せば、大魚を逸したということだ」（前掲『ザ・ラストバンカー』）と悔しがった。西川は二〇年九月、八十二歳で亡くなった。妻に先立たれ、寂しい晩年だったと聞いている。

一方、ＵＦＪ銀行は二〇〇四年秋、金融庁検査を妨害したとして、役員ら幹部四人が検査忌避容疑で東京地検特捜部に逮捕された。多数の犠牲者を出したバブル経済の清算は、こうしてようやく終息に向かった。

7 霞が関という空間

経済部に異動するまでの私は、経済記者とは企業の決算や国の予算のあり方など「数字」を取材するものだと、なんとなく思っていた。しかし、実際に取材してみると、銀行だけでなく、どの持ち場でも数字よりも裏情報や人事情報をつかみ、そして国や社会のあり方について考えることが取材する際に重要だった。

もちろん数字は大切なのだが、重要な数字を教えてもらうために必須なのが人事情報であり、天下国家について自らの考えをもって論じることだった。

特にそれを強く感じたのが、霞が関の中央省庁を取材していたときだった。私は二〇〇五年四月から一年三カ月間、財務省の庁舎内にある財政研究会という記者クラブに所属して、おもに金融庁を担当した。もちろん最大のテーマは金融検査の行方だったのだが、普段の取材で検査の中身にふれることはほとんどなく、官僚の仕事や日本の政治システムをどうすべきか、といった国や社会、組織のありようの話をした。

霞が関にある財務省本庁舎（筆者撮影）

知り合った官僚の多くは、取材相手というよりも国のこれからについて真剣に考える同志に近かった。私たちは、虎ノ門や新橋界隈の安い居酒屋やカフェで国家や社会について論じ合った。

日本の政治のどこが問題なのか。バブル崩壊後に日本はなにを間違えたのか。これから少子高齢化が進む日本をどうしていけばいいのか。私は記者として、相手は役人として、立場も意見も違ったが、お互い真剣にこの国をどうすればいいのか議論した。

官僚たちとの会話は知的刺激にあふれていて、まるで幕末の志士たちと話をしているような楽しさがあった。同じ経済部でも、丸の内や兜町で民間企業を取材しているのと、霞が関で役所を取材しているのとでは大きく違っていた。

話すテーマは様々だった。安全保障について語り合うときもあれば、外交について議論することもあった。もちろん税や予算のあり方、金融機能とはどうあるべきか、なども話題になった。

だが、ここでもいちばん盛り上がったのは永田町や霞が関のうわさ話と人事に関する話題だった。第1章「ジャーナリストという仕事」でもふれたが、民間企業か役所かを問わず、人事は組織で働く人間にとって最大の関心事だった。

取材対象の入省年次を調べ、同期に誰がいるのか、どの役職についているのかを詳細に知る。そして役所のトップ、事務次官（金融庁であれば長官）の候補は誰なのか。役所のＯＢを含めて幅広く取材し、情報を収集することで、組織の形とそこで働く人たちの心のうちが少しだけ見えてくる。組織取材の基本は人事と人間関係というセオリーは、ここでも変わらなかった。

私の経済記者としての経歴は短い。長い記者は十年以上も霞が関や金融業界、民間企業の担当を行ったり来たりしながら人脈を築き、より深く取材する。取材対象によって見えるもの、追いかける事象が大きく違うのが経済記者だ。

よく取材相手からは「担当記者がころころ替わりすぎですよ」と苦情を言われたが、民間企業を取材した記者が霞が関の役所を取材し、次に金融業界を受け持つといった環境の変化が、記者を大きく育てるのだと私は思っている。

目の前で発生している事件や事故と違って、財務や予算の難しい用語を覚えないといけないなど少し面倒なことはあるが、生きていくことは日々勉強することでもあると考えれば、経済取材は実に楽しく新しい発見に満ちていた。なによりも、世の中の仕組みがクリアに見えるようになってくる。そこにこそ経済記者の醍醐味がある。

Q&A 4

Q：いちばん難しかった仕事は？

A：私が入社して間もないころ、平成バブルが崩壊して、日本は「失われた二十年」と呼ばれる長期低迷の時代に入りました。いまになっては、なにが起こっていたのか、その概要をだいたい理解することができていますが、当時は五里霧中のような状態で、手探りの取材でした。

　こうした先が見えない状況は、政治家も官僚も企業経営者もみんな同じだったのだと思いますが、経済事件や金融業界の担当記者として時代の大きな変わり目に立ち会った私としては、全体像がなかなか見通せない息苦しさを感じていました。

　例えば、第4章「事件記者として」のなかでもふれましたが、日本長期信用銀行の経営破綻に伴う東京地検と警視庁の捜査がありました。この事件では、経営破綻した当時の経営者が決算を粉飾していたのではないか、として罪に問われました。捜査の過程では、銀行の幹部が自殺するなど犠牲者も出ましたが、結局、最高裁まで争った結果、経営破綻当時の頭取らには無罪の評決が下りました。バブルのころに放漫な融資を繰り返し、銀行破綻の原因をつくった経営者らは、すでに時効のため捜査対象にならず、最後に悩みながら大きな決断をした経営者だけが裁かれるという展開に、疑問をもちながら取材していたのを思い出します。

捜査当局の強引な捜査手法は、のちに「国策捜査」などと批判されましたが、事件の全体像をつかむためには時代の流れを把握する必要がある難しい事件でした。

Q：ジャーナリストと似ている職業は？

A：いわゆるメディア業界に関わる職業はどれも、どこか似たところがあるように思います。出版社もそうですし、広い意味での文筆業は、どんなジャンルにせよ、取材してメモをまとめ、文献を調べ、原稿を書くという仕事の手順では、ジャーナリストに似ている部分が多いと思います。

もちろん業界によって取材手法や慣習、取材の対象などは異なりますし、記者はあくまで事実を積み上げて原稿を書くわけですから、文筆業といっても小説家やエッセイストとは違うと思います。

Q：テレビや雑誌などほかのメディア関係の仕事にはない、新聞記者ならではのやりがいや苦労は？

A：テレビの仕事は派手に見えますが、実際には現場の記者の人数が新聞社に比べて少なく、深い取材が難しいように見えます。もちろん、なかには粘り強く取材をして非常に優れた報道番組を制作する記者やディレクターがいるのは言うまでもありません。

それと、ここはかなり大事な点ですが、NHKを除くほとんどのテレビ局の記者は、人事異動で営業職など取材記者以外の職種を経験する期間があります。スポンサーや広告代理店を相手にした営業の仕事はテレビ局にとってとても大切な仕事だと思いますが、「記者」を志して入社した人にとっては少し残念な異動かもしれません。

雑誌記者には非常に優秀な人が多いです。最近話題の「週刊文春」(文藝春秋)の記者は、取材手法や取材への熱意など、とてもかなわないと思うことも少なくありません。いまも「どうしたら「週刊文春」のような特ダネを取れる記者を育てられるのか」と新聞社内で議論しています。

新聞記者のほうが「やりがいがある」と感じる場面も多々あります。それは手元に集めてストックしている情報の量が圧倒的に多く、しかも質の高い情報を得ることができるという点です。ここで言う「質の高さ」とは、「より正確な」という意味です。

東京で仕事をしている新聞記者やテレビ記者なら、永田町や霞が関など国の中枢で政策を担う相手から直に話を聞くことができるという点は魅力的です。雑誌記者の場合、取材相手が警戒する場合が多いため、なかなか本音の取材ができないと思います。日本の政治システムや日本経済の動きなどを間近で観察し、当事者から話を聞くことで、社会の仕組みの全体像を把握することも可能になります。こうしたダイレクトの情報にふれられるのは新聞記者の魅力です。

一方で、書けないようなことも含めて権力の裏側になにがあるのか、政策決定の舞台裏はどうなっているのか、といったインサイドストーリーを取材できるのも新聞記者ならではです。最近は権力との癒着や政権への忖度などと批判されることも少なくありませんが、権力の構造を知っているからこそ書ける記事もたくさんあります。

第6章
アメリカという教室

生まれ育った国を出て、一定の期間、外から母国を眺めてみる、という経験は、とても貴重だと思う。会社の命令でそんな体験をできるなら、これほどありがたいことはない。

上司から、経済担当の特派員としてアメリカの首都ワシントンD.C.への転勤話を持ちかけられたときの私の素直な感想だ。もちろんジャーナリストとして見てみたい、取材してみたいことはたくさんある。だが、それ以上にアメリカという国に暮らして、外から日本を見つめ直してみたい、内側からアメリカを見てみたい、という生活者としての期待が大きかったように思う。

二〇〇七年四月に経済部から外信部に異動した私は、九月末、妻・息子と三人でアメリカ東海岸の首都ワシントンD.C.に渡った。

1 サブプライムローンは砂上のシステム

私がアメリカに赴任した二〇〇七年秋は、翌年のリーマンショックに向かう途上、つまりアメリカが金融危機の入り口にさしかかっていた時期と重なる。すでに、サブプライムローンと呼ばれる低所得者向けの住宅ローンのマーケットは壊れていて、手の付けようがない状態に陥っていた。

「マーケットが壊れる」とは比喩的な表現だが、要するに、サブプライムローンなど住宅ローンをまとめてつくった金融商品の値が急落し、それを売ろうとする人がたくさんいるにもかかわらず、買い手がまったく見当たらず売り買いが成立しない異常事態だったということだ。

私はまず、この耳慣れないサブプライムローンとはどのようなものなのか、そこから取材を始めた。渡米してすぐに、何人かの金融業界関係者、国際通貨基金（ＩＭＦ）や世界銀行の専門家に話を聞いて回った。

そして、自分自身も実地で不動産市場について学んだ。この実地の学習とは、自分と家族が住む家を探すことを指す。自分で家を探しながら業者の話を聞き、アメリカの住宅ローンの仕組みについて勉強していった。

その結果、数カ月後に私なりの結論に達した。それは、「アメリカの住宅ローンは日本のものとは似て非なるものだ」だった。

サブプライムローンとはなにか。日本の住宅ローンを想像すると、本質を見誤る。担保は確かに住宅だが、ただの住宅ローンではない。借りた金の使いみちは広く、自動車や洋服の購入にも充てられる。それがアメリカの〝住宅ローン〟だ。価格が上昇する不動産を担保にすれば、借金可能な金額の枠がどんどん広がる。私は、「担保は住宅だが、消費者金融のようなもの」と考えるに至った。

アメリカでクレジットカードを作ったときにも消費者金融のにおいを感じた。例えば、私が一カ月に千ドル使ったとする。日本の感覚で言えば、当然、翌月に千ドルの請求があるはずだ。ところがアメリカでは違っていた。「あなたが今月、確実に支払わなければならない金額」と請求書に大きく書かれた額はわずか五十二ドルだった。つまり、「五十二ドルさえ支払えば、翌月もそれまでと同じようにカードを使えますよ」ということを言いたいらしい。

ここで、日本から来た私はまず驚き、次に疑問に思った。「残りの九百四十八ドルはどうなるんだ?」。だが、大半のアメリカ人は疑問を抱かずに五十二ドルだけ支払い、翌月も買い物を続けるのだ。もちろん九百四十二ドルは借金になる。そして、その借金にはけっこう高い利子が付く。日本で「リボルビング払い(リボ払い)」と呼ばれる仕組みだが、日本のような説明はなにもない。しかも、選択肢として示されているのではなく、請求書には「五十二ドル支払えばいいんですよ」と大きく書いてあるだけだ。

こんな変な仕組みを信用できるわけがない。ところが、そう考えるのは少数派で、大半の人たちは自宅の不動産価格の値上がり分を担保に銀行から借金して、カード会社への借金をまかない続けていたのだ。つまり、大半のアメリカ人は借金を全額返済することなく、延々と借金を繰り返して消費を続けていた。

どうしてこのような生活が可能だったのか、といえば、不動産価格が右肩上がりで上昇しつづけていたからだ。いくら借金がかさんでも、不動産価格の上昇分で借金できる額が増え続けるため、どこまでも借金して消費を続けられる。夢の錬金術のようだが、そんなうまい話が世の中にあるはずがない。

いったん不動産価格が下がり始めると、すべての歯車が逆回転しはじめた。支払っていなかった九百四十二ドルとその金利の累積分の請求書が突然手元に届いたのだ。

2 リーマンショックのただなかで

実はアメリカ発の金融危機にはもっと複雑な証券市場の仕組みや事情が絡んでいたのだが、アメリカ国民が直面した金融危機の構図とは、ざっとこのようなものだった。カードで自動車や家具やテレビなどを買い続けていた人たちは、突然、借金の返済を迫られ、頼みのカードが使えなくなり、借金を返済できないとなると担保になっていた自宅を差し押さえられてしまった。

こうして住む場所をなくした人が親戚の地下室に身を寄せている様子などがテレビで繰り返し流された。「まさか自宅を失うなんて……」と落胆する人たち。しかし、私は「自業自得じゃないのか」と冷めた目で見ていた。当時の私は、「もはやアメリカの時代は終わった」と考えていた。「こんなひどい仕組みで国民を借金漬けにするような国に未来はない」とも思っていた。

実際、二〇〇八年から〇九年にかけてのアメリカはどん底状態だった。かつて、バブル崩壊で資金繰りが厳しくなった日本の金融機関を救済したアメリカの大手金融機関は、単独での生き残りが

0年）9月16日（火）　毎日新聞　第47667号　【明治5年創刊】明治25

米リーマン破綻

史上最大、負債64兆円

メリル　バンカメが救済

15日、経営破綻が決まり、米ニューヨークのリーマン・ブラザーズ本社前で荷物を詰めた段ボールを運び出す社員たち＝AP

【ワシントン斉藤信宏】深刻な経営難に陥っていた米証券4位のリーマン・ブラザーズは15日、連邦破産法11条に基づく会社更生手続きの適用を裁判所に申請、経営破綻した。米メディアによると、負債総額は6130億ドル（約64兆3600億円）で米史上最大。一方、米金融大手バンク・オブ・アメリカ（バンカメ）は同日、米証券大手メリルリンチを500億ドル（5兆2500億円）相当の株式交換で買収すると発表した。事実上の救済合併となる。巨額損失を抱える米保険最大手AIGは増資交渉が難航、株価が急落している。

（9面に関連記事）

連鎖破綻危機

AIGも株価下落

昨年8月から深刻化した低所得者向け高金利住宅ローン（サブプライムローン）問題は、ついに米国を代表する老舗の大手証券の経営破綻に発展した。今年3月のJPモルガン・チェースによるベア・スターンズ救済以来、わずか半年間で米証券大手3社が再編される。米金融業界では連鎖破綻の可能性が高まっており、戦後最悪の金融危機に直面している。

リーマンは、8月末までに140億ドルを超すサブプライム関連損失を計上し、2四半期連続で大幅赤字に陥っていた。増資交渉を進めていた韓国産業銀行との交渉が不調に終わったことを機に、9日以降の4日間で株価が80％下落。12日夜から米金融当局と大手金融機関の代表が、バンカメや英金融大手バークレイズなどによる買収を軸に救済策について協議したが合意に至らず、破産法申請に追い込まれた。

一方、先週1週間で株価が38％超も下落した米証券3位のメリルリンチは、当初はリーマンの買収を検討していたバンカメに救済合併されることになった。買収完了後のバンカメの顧客預かり資産は、2・5兆ドル（約260兆円）と、シティグループを抜き米金融最大手となる。

買収発表を受け、メリルの株価は、ほぼ横ばいを保ったが、バンカメの株価は同21％安の26・55ドルとなった。

また、株価が急落している米保険最大手AIGは、100億ドル（約1兆500億円）規模の増資計画、リストラ策に加え、米連邦準備制度理事会（FRB）への400億ドルのつなぎ融資申請などを公表した。しかし、15日の株価の終値は前週末終値比61％安の4・76ドルまで暴落している。

◆米国証券会社の財務状況（07年度末）◆

	総資産	
1ゴールドマン・サックス	11198	
2モルガン・スタンレー	10454	
3メリルリンチ	10201	→バンク・オブ・アメリカが買収へ
4リーマン・ブラザーズ	6911	→連邦破産法11条を申請し経営破綻
5ベア・スターンズ	3954	→JPモルガン・チェースが買収

（注）単位・億ドル　メリルは07年末、他は11月末

東証633円安

世界同時株安

米証券大手リーマン・ブラザーズの経営破綻をきっかけに、日米欧や新興市場の株価が急落している。連休明け16日の東京株式市場の日経平均株価は一時、前週末終値比633円36銭安の1万1581円40銭となった。取引時間中としては3月17日の年初来安値を更新した。午後1時現在、同629円15銭安の1万1585円61銭。週明け15日のニューヨーク市場のダウ工業株30種平均の終値も、前週末終値比504・48ドル安の1万0917・51ドルまで下落し、06年7月以来、約2年2カ月ぶりの安値。下落幅は米同時多発テロ直後の01年9月17日以来の大きさとなった。

16日の中国株式市場も売りが先行。上海総合株価指数は午前10時

の東京外国為替市場の円相場は一時、1ドル＝104円台前半に急伸。7月16日以来、2カ月ぶりの円高・ドル安水準。

関連企業株全面安

メリルリンチ

1914年創業で、米証券業界第3位。本社はニューヨーク。従業員数は約6万人。サブプライムローン問題関連などで、08年4〜6月期までに、計419億5000万ドル（約4兆4470億円）の損失を計上し、経営不振に陥った。98年に自主廃業した旧山一証券の社員、店舗を引き継いで日本市場に本格参入したが、業績が伸び悩み個人向け分野からは事実上撤退した。

リーマン・ブラザーズ

1850年にリーマン3兄弟が創業。経営危機に陥った1984年にアメリカン・エキスプレスに身売りし、その後、社名が何度も変更され、93年に現在の社名に戻った。米証券4位で、本社はニューヨーク。東京、ロンドンなど二十数カ国で展開し、従業員数は約2万5000人。08年6〜8月期決算は、サブプライム問題に伴う評価損など78億ドル（約8400億円）を計上し、2四半期連続の赤字になった。

バンク・オブ・アメリカ

1784年創業。地方銀行との合併を繰り返して拡大し、全米に6100超の支店を展開し、個人向け取引額では全米最大級。従業員約21万人。本社は米ノースカロライナ州シャーロット。今年7月には経営難に陥っていた住宅金融大手カントリーワイド・フィナンシャルの買収を完了。08年4〜6月期決算の純利益は前年同期比40.8％減の34億1000万ドル。

リーマンショック翌日の夕刊
「毎日新聞」2008年9月16日付、夕刊

できなくなり、今度は日本の金融機関に助けを求めてきた。

三菱ＵＦＪフィナンシャルグループはアメリカ証券大手のモルガンスタンレーに九十億ドル出資し、野村証券は経営破綻したリーマン・ブラザーズのヨーロッパ・アジア事業を継承した。第5章「経済を取材する」で紹介した証券大手メリルリンチは、アメリカ大手銀行のバンク・オブ・アメリカに助けを求め、事実上の救済合併で会社自体がなくなってしまった。

自動車を購入する消費者を相手に自動車ローンを提供していたアメリカ自動車大手三社（当時はビッグ3と呼ばれていた）も、あっと言う間に経営危機に陥った。フォード・モーターだけはかろうじて経営破綻を免れたが、最大手のＧＭ（ゼネラルモーターズ）とクライスラーはアメリカ破産法十一条の適用を受けて経営破綻した。

「もはやアメリカは立ち直れないのではないか」。世界中に金融危機が波及する様子を見ながら私はおびえ、そんなふうに考えていた。自動車と金融というアメリカを支えてきた二大産業が見る影もなく衰退し、失業率も一〇パーセントを超え、「一九三〇年代の大恐慌以来」という見出しが新聞に何度も躍った。

ところが、だ。リーマンショックから数年後、アメリカ経済は見事に復活を遂げた。少しいびつな形ではあったが、紛れもなく復活した。当時の私は、アメリカの底力を理解できていなかったのだ。私は西海岸で産声を上げていたデジタルプラットフォーマーの台頭をまったく予想できていなかった。

二〇〇七年当時はまだ、GAFA（Google、Amazon、Facebook、Apple の略称）という言葉はなく、スマートフォンも存在しなかった。〇八年のリーマンショックまで、世界を征服するのではないかと恐れられていたのはアメリカの投資銀行だった。ところがいまでは見る影もなく勢いを失っている。一方で、GAFAはいま、世界を征服しそうな勢いだ。この主役の劇的な交代、大いなる破壊と創造こそがアメリカ経済社会の特徴であり強さだ。

もちろん、「大いなる破壊と創造」が多くのアメリカ国民を幸せにしたとはかぎらない。実際、リーマンショック後のアメリカでは、自動車など従来の基幹産業の衰退が加速し、「ラストベルト」と呼ばれる取り残された地域を生んだ。少し長い目で見れば、中国やインドなどアジアの新興国に世界経済の中心が移りつつあることも間違いないだろう。

ただ、それでも金融危機で深く傷ついたアメリカの復元力の強さには驚かされた。リーマンショックに比べれば規模も影響も小さかったはずの平成バブル崩壊で三十年近くも苦しんだ日本を顧みると、やはりアメリカの力強さは印象深い。その根っこにあるのが、アメリカ経済の変化と主役交代のダイナミズムであることは確かだ。

翻って日本企業を見てみると、相変わらずのトヨタ頼みが続いている。プラットフォーマーの台頭など望むべくもなく、私たち新聞業界をはじめとするメディアも、GAFAの圧倒的な力の前にひれ伏しているようにさえ思える。

3 家と自動車で知るアメリカ

時計の針を少し戻す。冒頭に記したように、私は仕事だけでなく、アメリカで暮らすことそのものを楽しみにしていた。ここでは少し、この地での生活を立ち上げた際の様子を紹介したい。

アメリカで暮らすとき、戸建ての家に住むか、タウンハウスと呼ばれる長屋風集合住宅やマンションに住むか、で選択肢は大きく二つに分かれる。つまり、家や庭の管理を自分たちでやるのか人手に任せるのかという違いだ。私たちは迷うことなく前者を選んだ。「せっかくアメリカに住むんだから、典型的なアメリカンライフを体験してみたい」というのがその理由だった。

アメリカで住んでいたメリーランド州の自宅（筆者撮影）

二〇〇七年十月末、私たちはワシントンD.C.の北に接するメリーランド州に戸建ての二階建ての家を借りた。「キャッチボールができる庭がほしい」という息子の希望もかろうじてかなえられるような裏庭がついていた。寝室が計三部屋、トイレは一、二階に計三つ、シャワールームも二つついていた。大きなガレージには自動車を二台止められる。まさに典型的なアメリカの郊外型住宅だった。

アメリカの家に住むということは、庭と家の管理に責任をもつということだ。秋が深まれば、東海岸メリーランド州の家の周囲の木々の葉は、驚くほど鮮やかな赤や黄色、橙色に色づき、そして、落葉する。日本では見たことがなかったサルスベリの紅葉まで目撃し、私たち家族は興奮した。「どうしてアメリカの紅葉はこんなにきれいなんだろう」と十一月中旬まではお祭りのような気分で過ごした。

ところが、そのあとが大変だった。庭は一面落ち葉で覆われた。近所の人たちの見よう見まねで落ち葉をかき集めて落ち葉用の袋に詰める。かなりの重労働だ。しかも落ち葉は集めても集めても次から次へと落ちてくる。東京に住んでいた自分たちが、当たり前の自然の営みにどれほど無頓着だったかを思い知らされた。

ようやく落ち葉集めが終わり、クリスマスが近づくと、今度は雪が積もる日が増えた。家の周囲の歩道の雪は、きちんとかいておかないといけない。もし、誰かが凍った歩道で滑って転んで骨でも折ったら、訴訟ざたになるという。私たちは来る日も来る日も雪をかき、積もるたびに雪を恨めしく思った。最初のうちは喜んで雪かきを手伝っていた息子もそのうちに飽きた。

私はそのころになってようやく、「アメリカの郊外生活にはサバイバル力が必要なんだ」ということに気づき始めた。アメリカの家具や家電製品はサイズが大きくて立派だが、意外なほどに故障が多い。トイレや水道、冷暖房など、いわゆるライフラインにも不具合が起きる。さらに驚いたことに、ちょっとした雪や雷雨で、あっけなく停電する。いま思い返してみても、冬の停電は恐怖だった。

家はセントラルヒーティングで、冷暖房はすべて電気だった。冷房はともかく、暖房が止まれば命に関わる。私たちは何度か一メートルを超えるような積雪と停電を経験し、アメリカ生活の厳しさを学んだ。停電した夜には、日本から持ち込んだカセットコンロが大活躍した。コンロでお湯を沸かして耐熱容器に入れ、湯たんぽがわりに抱いて布団にくるまり、寒さに耐えた。

春になると、今度は庭との格闘が始まる。一面緑の見事な芝生には、手入れを怠ると雑草が生えてくる。特にタンポポには苦しめられた。最初のころは、家族で「春だねえ、タンポポが咲いてるねえ」などと喜んでいたのだが、ネットで調べてみると、タンポポほどアメリカで嫌われている雑草はないという。

タンポポの種に息を吹きかけて飛ばすなんていう行為はご法度で、近所から苦情がくるという。知り合いからは「タンポポが生えてきた？　すぐに奴らを殺せ。さもないと、君らが近所の人たちに殺されるぞ」と半ば冗談で脅された。

私たちは慌ててタンポポの駆除に取りかかった。ところが、タンポポの根は深く、しかも頑丈だ。抜こうとすると必ず途中で折れる。そして、残った根から、またしぶとく葉が伸びてくるのだ。私たち家族はすっかりタンポポが嫌いになった。

近所の庭を見ると、どの家も鮮やかな緑の芝に覆われている。そのうち、自動車で走っていても他人の家の庭ばかり目に入るようになった。「この家はやけにきれいにしてるなあ」とか「ここはうちよりもひどいんじゃないか」などと言葉を交わすようになった。「隣の芝生」とはよく言ったものだ。

その芝生の手入れも手間がかかった。最初のころこそ近所の若者に芝刈りを頼んでいたが、前任者から引き継いだ荷物のなかに芝刈り機が紛れ込んでいるのに気づき、私は自分で芝を刈ってみることにした。やってみると、意外にもかなりの力仕事で、ひととおり芝生を刈り終わるとへとへとになる。

芝を刈っていると、近所の人が笑顔で通り過ぎたり、親しげに声をかけてきたりする。芝刈りは「庭をきちんと管理している、よき市民の象徴」なのだと、そのとき初めて気づいた。間違っても妻に芝刈りを任せてはいけない。アメリカでは、女性に芝刈りをさせることはドメスティックバイオレンス（DV）を連想させるのだという。

地下室とガレージは、徐々に大工道具やキャンプ道具、芝刈り機などで占領されていった。そういえば近所の人たちはみんな、ガレージがあるのに車を外に置いている。不思議に思ってのぞき込むと、ガレージのなかはどの家も雑多な道具類で足の踏み場もないほどだった。

アメリカの映画を見ていると、よくガレージが出てくる。そこには大工道具やキャンプ道具などが所狭しと置かれていて、父と息子の対話の場になっていたりする。こうした映画の一場面も、アメリカの郊外に暮らしてみて、初めて実感を伴って見ることができるようになった。

話がジャーナリズムからそれていると思う読者の方もいるだろう。確かにアメリカでの生活とジャーナリズムは一見すると無関係だ。だが、その国の暮らしを知り、日本と比較しながら政治や経済のことを考えるという行為は、取材したり原稿を執筆したりするうえで大いに役に立った。

表層的なところをなでつけるように取材するだけでも原稿は書ける。だが、本当に深いところまでアメリカのことを知ったうえで原稿を書こうと思ったら、それだけでは足りない。実際にそこで生活をしてみて、時間をかけて取材対象に向き合うことではじめて書ける原稿がある。私は四年間、アメリカの郊外で暮らしてみて、貴重な「素顔のアメリカ」を体験することができたと思っている。

4 青い州と赤い州

アメリカには民主党と共和党という二大政党がある。

民主党はバラク・オバマ元大統領やヒラリー・クリントン元国務長官、ジョー・バイデン大統領などが所属している。どちらかといえばリベラルで、アメリカ社会の多様性を重んじていて、弱者に手厚く財政支援する「大きな政府」を標榜している。政党のカラーは青だ。

一方の共和党は、ドナルド・トランプ前大統領が象徴的だが、保守的で、銃規制や人工妊娠中絶に反対で、ＬＧＢＴへの理解度が低い。支持者のなかには、「地球温暖化は人間の経済活動で排出された二酸化炭素が原因」という説を「うそだ。間違いだ」と信じていない人も多い。なかにはダーウィンの進化論さえ信じていない人もいる。何事もまず自助ありきで、政府の役割は小さいほうがいいという「小さな政府」を信奉している。政党カラーは赤だ。

四年に一度の大統領選挙で、アメリカではこの両党が激しくぶつかり合う。全米五十州ごとに選挙区が設定されていて、選挙のたびに各州は青か赤に色分けされる。

そもそもアメリカ大統領選挙の制度は複雑だ。四年に一度、十一月の第一火曜日に実施されるいわゆる大統領選挙で選ばれるのは、大統領本人ではなく「大統領選挙人」だ。共和党と民主党は、それぞれの大統領候補の支持者を選挙人として届け出る。選挙人は大統領選挙から約一カ月半後の十二月中旬に正式な投票をおこない、翌年一月上旬に議会で開票して新しい大統領が決まる。つまり形式上は間接選挙になっているのだ。

選挙人は計五百三十八人いて、全米五十州と首都ワシントンＤ.Ｃ.でそれぞれ人口に応じて人数が決められている。人口が少ないバーモント州やモンタナ州などは三人だが、人口が多いカリフォルニア州は五十五人。過半数にあたる二百七十人を獲得した候補が大統領選の勝者になる。

また、ほとんどの州で選挙人の「勝者総取り方式」を取っていて、最も多く票を得た候補が州の選挙人全員を獲得することになる。このため、過去には一般投票の総得票数で相手候補を上回りながら、選挙人の数で負けて大統領になれなかった「逆転現象」も起きた。

二〇一六年の選挙では、民主党候補のクリントン元国務長官が共和党候補だったトランプ前大統領の得票数を上回ったほか、二〇〇〇年の大統領選でも、選挙人数で敗れた民主党候補のアル・ゴアが、得票数では共和党候補のジョージ・ブッシュを上回った。

私たち家族が住んでいたメリーランド州は、大統領選挙のたびに民主党候補が勝つ典型的な「青い州」だった。ところが、首都ワシントンを挟んだ南側のバージニア州は、南北戦争で南軍についた州で、共和党支持者が多い「赤い州」だった。

「毎日新聞」の北米総局は首都ワシントンD.C.にあり、ホワイトハウスからも徒歩五分ほどの建物に入っていた。つまり首都のど真ん中だ。

首都といってもワシントンD.C.は小さな町で、人口も七十万人弱。職場の同僚は日本人五人とアメリカ人の助手一人だったので参考にならないが、周辺のオフィスで働く人の大半はメリーランド州かバージニア州から通勤していた。

この環境が、いまにして思えば実におもしろかった。自宅から車で二十分も走ると、ポトマック川を渡り、バージニア州に入る。同じような風景に見えるが両州の法律やルールは大きく違っていた。

例えばアルコールだ。青のメリーランド州では酒をドラッグの一種と考える人もいて、自動車免許を取得する際にはドラッグ研修と称して、アルコールなどのドラッグからどのようにして身を守るかを学ばなければならない。酒店以外ではいっさいのアルコール販売が禁じられていて、酒店には子どもを連れて入ることができない。

片や赤のバージニア州はどうかといえば、セブンイレブンのようなコンビニエンスストアでも酒類販売が認められていて、驚くほどアルコールに寛大だった。

バージニア州では屋外で花火を楽しめたが、メリーランド州では花火は禁止。メリーランド州で銃を手に入れようとすればかなり面倒な手続きが必要になるが、バージニア州の田舎に行けば、雑貨店でも銃を簡単に買えた。

おそらく多くの日本人が親しみを感じるアメリカは、ほとんどが「青い州」だ。カリフォルニア州はもちろん、ニューヨークやボストン、シアトルなどの町もほとんどが民主党が強い地域に属する。ざっくり地域で分けると、「青い州」は西海岸と東海岸に集中している。高所得層が比較的多く、情報通信や金融などアメリカ経済を牽引する業種で働く人が多いのも特徴だ。一方、「赤い州」は内陸部、特に南部に集中している。五年前の大統領選挙以来、選挙結果を左右してきた「ラストベルト」は北部の五大湖周辺に集まっている。鉄鋼や自動車など製造業の拠点だった州がほとんどだが、二十世紀後半から徐々に衰退してきた。もともとは「青い州」だったが、五年前にはトランプ前大統領を支持する人たちが増え、トランプ現象を巻き起こした。

アメリカの本質はむしろ「赤い州」にこそある、と私は思っている。そこには、私が知らないアメリカがあった。ある家の地下室にはシカが丸ごと一頭入る大型の冷凍庫があり、多くの人がピックアップトラックと呼ばれる大型のトラックを自家用車にして乗っていた。冬にはクリスマスツリーにするモミの木を近所の農場で自分で切り倒して荷台に積み込み、若い男女はピックアップトラックの荷台の干し草に寝そべって愛を語り合う。ほとんど香りがしない薄いアメリカンコーヒーや、ガスバーナーを使ったバーベキューなど、アメリカらしい風景は、むしろ「赤い州」にこそあった。

四年間生活してみると、この「赤いアメリカ」を見たり感じたりしたことが、私にとって大きな財産になっていることに気づいた。住んでみないとわからないアメリカだった。

5　ベースボールが映す平等

アメリカでは、春は野球の季節だ。文字どおり「球春」なのだが、日本の「野球」とアメリカの「ベースボール」が、これまた似て非なるモノであることを、私は息子の野球チームに接することで強く感じた。もちろん、アメリカの野球も基本的なルールは日本と一緒だ。しかし、細かいところが違っていて、その違いが実は本質的な違いだったりもする。

例えば、アメリカの少年野球では、守るのは九人だが、打つのは十三人だったりする。選手全員がバッターボックスに立てるようにする配慮だ。イニングごとに守るポジションが違ったりする。

ピッチャーも一回ごとに交代する。空振りが「積極的な姿勢」として尊重される。応援する親は常にポジティブでアグレッシブ。ある意味、アメリカ社会を象徴するような光景が展開される。

少年野球のチーム分けも日本とはまるで違う。日本であれば、地域単位や学校単位でチームがあり、小学校一年生から六年生まで同じチームでプレーをするのが当たり前だが、アメリカでは、年齢が違う子とはプレーしない。すべてのチーム、そして大会も、年齢で輪切りにされていて、一チームには十三人から十五人しか選手がいない。選手の人数が増えすぎると、すぐに二チームに分けられる。参加している子どもたちに平等に機会を与えるための工夫だということにしばらくしてから気づいた。

アメリカの少年野球（筆者撮影）

しかも、子どもたちの力量に応じて、チームは細かく分けられていた。①野球をやりたいけどそんなに上手じゃない、楽しみの一環でプレーしたい、という子どもが集まったチーム（レクレーショナルチーム）、②少し上手になったのでレベルの高いチームでやってみたい、というチーム（セレクトチーム）、③地域を超えて強いチームと対戦してみたい、というチーム（トラベルチーム）――といった具合だ。

息子は当初レクレーショナルチームでプレーをしていたのだが、同じチームの父親がコーチをやることになったトラベルチームに誘われて移籍した。

アメリカの子どもたちはしょっちゅう所属チームを変えた。シーズンオフになると互いのチームで上手そうな子を狙い、スカウトし合うなどというメジャー顔負けのようなことが頻繁に起こる。「おそらくこういう現象は野球だけで起きていることではないのだな」と途中から気づいた。流動性がきわめて高く、自分に合わなかったらさっさと居場所を変える。アメリカ社会とはそういう社会だった。

前の日まで一緒にプレーしていた子が翌日には別のチームでピッチャーとして投げていて、息子と対戦する。試合後には「お互い頑張ろうな」とたたえあう。このさっぱりした付き合いは日本では考えられない。

良くも悪くも人間関係が濃密で、深く付き合うのが日本スタイルだ。少年野球のチームも家族のようにほかの家の子の面倒も見て、ある子がチームを辞めようとしていると聞けば全力で引き留める。私たち家族は、日本とアメリカの社会の違いを、野球を通していやと言うほど学んだ。

トヨタ自動車がアメリカ・ケンタッキー州に作った工場の初代工場長を務め、のちにトヨタ自動車の社長と会長を歴任した張富士夫から聞いた話への理解も、少年野球チームを経験したことで深まった。

彼の話は次のようなものだった。工場の業績がよかったので、従業員全員に金一封を配ろうとしたときのこと。ある従業員が「全員に少額を配るよりも、くじ引きをして、当たりを引いた人にトヨタの乗用車カムリをプレゼントしたらどうだろう」と提案してきたのだという。

彼は「それでは不平等になるのでは」と心配したそうだが、従業員は「全員、参加できるんだから不平等ではない」と言い張った。では、と抽選にしたところ、工場じゅうが大いに盛り上がり、当選した従業員はもちろん、ほかの従業員も当選者を祝福し、大喜びして士気が上がったという。

この逸話でわかるのは、「平等」という概念が日本とアメリカでは大きく異なっているということだ。彼は日本的に「全員に平等に配るのがいいのでは」と考えた。ところが、アメリカ人従業員は「平等にくじを引ければいい」と考えた。「機会平等と結果平等」。同じ平等でも違いは大きい。

息子の野球チームでも同じだった。日本のチームのような「万年補欠」は一人もいない。全員が打席に立ち、必ず一度は守備につける。ピッチャーをやりたいと手を挙げる子は全員が投げられるように配慮してもらえる。だが、結果を出さなければ打順はどんどん後ろに下がるし、守備位置も限られてくる。さらにシーズンオフには「トライアウト」と呼ばれる選抜テストがあって、同じチームにいられなくなることもある。実に厳しい競争社会だった。

6 デトロイトの割れた窓

「アメリカでいちばん思い出深い町を一つ挙げてください」と言われたら、私は迷うことなくデトロイトと答える。いわゆるラストベルト。錆びついた工業地帯のど真ん中の町だ。この町に四年続けて通った。季節は冬。中西部、五大湖沿岸の寒さは厳しい。なぜそんな季節に通ったのかといえば、毎年一月中旬にデトロイトで北米モーターショーが開かれていたからだ。

初めて訪れたのは二〇〇八年一月。まだ世界金融危機の影響がさほど深刻には考えられていなかったころだ。ところが、この町はすでに不況のまっただなかにあった。

デトロイトは長年モータウンと呼ばれてきた自動車産業の一大拠点だ。自動車産業の発展とともに豊かな中間層が増え、黒人も白人も子どもたちにレベルが高い教育を受けさせた。独特の音楽文化も花開き、モータウンミュージックと呼ばれた。マイケル・ジャクソンはこの町が生んだスーパースターだ。

その豊かだったはずの町は、一九八〇年代以降のアメリカ製造業の衰退の影響で、見る影もなく荒廃していた。

空港からタクシーでホテルに向かう。中西部の冬は日が短い。着いたのは夕方五時前だったが、空港から出ると外は真っ暗だった。小雪がちらついている。ワシントンD.C.と比べても気温は五度ほど低く、マイナス五度を下回っていた。鼻から吸う息が痛い。

黒人の運転手にホテルの住所を告げると、怪訝な顔をされた。「一人で泊まるのか」と聞いてくる。うなずくと、意外な言葉が返ってきた。「いいか、宿に着いたら外には出るなよ。ホテルにピザでも届けてもらって晩飯をすませるんだ」。「なんの話だ。吹雪でもくるのか」と聞くと、「デトロイトは初めてか」とまた聞いてきた。「そうだ」と答える。彼は、後部座席に座っている私に聞こえるくらい大きなため息をついた。

「おまえが泊まるホテルの周辺は、この町でもいちばん治安が悪いところだ。だいたい初めて来てダウンタウンに泊まるなんて信じられない」と大きな声でまくし立てる。「そんなに危ないのか」と問い返すと、「行ってみればわかるよ」と前を向いたまま答えた。

ホテルまではハイウエーを使って三十分ほどだった。町の中心部に近づくと、窓ガラスが割れた工場のような建物、ドア部分にベニヤ板が打ち付けてある焼け焦げた跡がついた空き家、などが目立ち始めた。たまに十階建てぐらいの中層ビルもあったが、窓に明かりは見えない。しかもガラスが三分の二は割れている。

「なんのためにデトロイトに来たんだ」。運転手が聞いてきた。「モーターショーがあるだろ。私は新聞記者なんだ。取材に来たんだよ」と答えると、ようやく大きくうなずいて、控えめな笑顔を見せた。「じゃあ会場はコボセンターだな。あそこの近くにGMの本社がある。そこらへんだけはまだ生きてるよ」。確かに、窓から見える町並みはほぼ死んでいる。死んだ町だ。私が泊まるホテルがあるジェファーソン通りは、妙に殺風景な一角だった。四階建て以上の建物が見当たらない。ネオンも少なく、まだ午後六時前だというのに道を行き交う車も少なかった。ホテルの車寄せに横付けにすると、運転手はもう一度念を押した。「夜は出歩くなよ」。トランクの荷物を取り出してくれたのでチップを五ドル手渡すと礼を言って、「いいから早くなかに入れ」とせかした。

さて、どうしたものか。部屋に入って時計を見ると、午後六時を過ぎたばかりだ。すぐ隣にサンドイッチのチェーン店のサブウェイと雑貨店を兼ねたような店があった。「あの店ならいいだろう。すぐ隣だし」。ホテルを出て店に向かった。マフラーをして分厚いコートを着ていたが、顔と頭が寒さで痛い。

店に入る。サンドイッチを注文する。システムは日本と同じだが、なにかが不自然だ。野菜を選んでミートボールを挟んでもらう。不自然な理由はすぐにわかった。客と店員の間が分厚い防弾ガラスで仕切られていたのだ。レジもガラスの向こうだ。代金をカウンターのくぼんだ部分に置くと、そこがくるっと回転して、注文したサンドイッチが出てきた。店員との会話はすべてマイク越しだ。なぜか急に身の危険を感じた。そそくさと店を出て、隠れるようにホテルに戻った。

治安が悪いとされる地域に足を踏み入れたのは初めてではない。インドやパキスタン、ヨーロッパなどで、それまでも何度かそういう場所を見てきた。たいがいの場合、治安が悪いとされる場所でも、地元の人は平気で生活していた。ところがデトロイトは、地元の人がいちばん怖がっていた。雑貨兼サンドイッチ店には、ちょっと目つきがおかしいお兄さんが客としてうろうろしていた。店員は素知らぬふりをしていたが、明らかに空気が張り詰めていた。

その一年後、リーマンショック直後の世界金融危機の嵐が吹き荒れているさなかに、私は再びデトロイトを訪れた。金融危機の影響を取材するためだ。

自動車の町と金融危機にあまり関係はなさそうなのだが、実は大違いだった。アメリカでは自動車を買う際には、ほとんどの人が自動車ローンを組む。当時、ビッグ3と呼ばれていたGM、フォード、クライスラーの三社は傘下にクレジットの子会社をもち、自動車ローンでも大々的に稼いでいた。金融危機はこの自動車ローン部門を直撃したのだ。急激な雇用情勢の悪化と住宅価格の急落で住宅ローンが焦げ付き、自動車ローンも返済できない人が続出した。二〇〇九年一月には、すでにビッグ3のうちGMとクライスラーは経営危機に陥って、破綻の淵にあった。

私はデトロイトに入り、市の中心部にほど近いクライスラーの工場周辺を歩いてみることにした。歩くといっても自分の足で歩くには危険すぎる場所なので、実際にはレンタカーで工場周辺に行き、人がいそうな場所で聞き込み取材をした。

工場から約五百メートル離れた住宅街にぽつんと一軒の雑貨店があった。店に入って店員に取材の趣旨を話すと、いきなり酔った中年の白人男性客に絡まれた。「日本の新聞記者だって？　おまえらのせいでおれたちはこんな目に遭ってるんだ。知ってるんだろ?」とがなり立てる。あまりの剣幕にあっけにとられていると、上品そうな背が高い若い黒人男性が割って入った。「この人に言っても仕方ないだろ。だいたい今度の工場休止はトヨタのせいじゃないぞ」となだめてくれた。

デトロイトがあるミシガン州では、二十年以上前から日本車が目の敵にされてきた。かつては日本車をハンマーで壊すパフォーマンスも頻繁におこなわれていた場所だ。その白人男性の頭のなかでは、リーマンショックも貿易摩擦もごちゃごちゃになっているらしい。

助け舟を出してくれた黒人男性に礼を言うと、定期入れからクライスラーの社員証を出して見せてくれた。「この社員証はおれたちの誇りなんだ。みんなクライスラーに育てられたようなものなんだ。あの男だって思いは同じだよ」とさっきの白人男性に視線を走らせた。この雑貨店も、一年前の店と同じように店員と客の間に頑丈な防弾ガラスが設置されていた。

あれから十二年が過ぎた。私が取材した自動車工場はすでに閉鎖されたと聞いた。あのとき会った人たちはどうしているのだろうか。変わりゆくアメリカのなかで、取り残された中西部の町がどうなっているのか、気になっている。

アメリカ時代の話は、書き始めると切りがない。民主主義とはなにか。資本主義とはなにか。社会保障制度はどうあるべきか。移民政策はどのようにすべきか。毎日が勉強の連続だった。

二〇二〇年五月、中西部のミネソタ州ミネアポリスで、黒人男性が警察官に押さえ付けられて死亡した事件がきっかけとなり、アメリカ全土にBlack Lives Matterと称する人種差別に抗議するデモが広がった。日本から見ていると、デモの参加者が暴徒化したり、銃の乱射があったりして「アメリカはやっぱり物騒な国だ」と見えるかもしれない。だが、多様性を重視するアメリカ社会を垣間見た私には、その様子は「二百年以上たっても続くアメリカの産みの苦しみ」のように見えた。

日本でも一九九〇年代から、少しずつ国内で暮らす外国人が増えてはいる。だが、移民社会のアメリカとはその増えるスピードはまるで違う。イギリスから渡ってきたピューリタンらが中心になって建国したアメリカという国は、いまも壮大な実験の途上にあるのだ。あるときは民主主義の実験場であり、またあるときには資本主義の実験場にもなる。そしてなによりも、人種や民族のるつぼ、「サラダボウル」のような多様性の実験国家でもある。

私がアメリカで学んだこと、考えたことはいまも朽ちることなく私のなかにとどまり続けている。そして、どのテーマも十年の時を経て、より大きな将来への課題として横たわっている。

第7章
これからのジャーナリズム

1　激変した新聞の環境

二〇一一年秋にアメリカから帰国した私は、日本の変化の遅さに驚いた。日本ではまだ、スマートフォンはほとんど普及していなかった。かわりに日本独自の進化を遂げた携帯電話、いわゆるガラケーの時代が続いていた。

当時は新聞社内ものんきなものだった。「あと十年もしたら紙の新聞はなくなるかもしれない」と多少大げさに訴えてみても、聞く耳をもつ人はほとんどいなかった。あれから九年半になるが、いま、社内で危機感をもっていない人間は一人もいない。それくらいメディアを取り巻く環境は激変した。

日本新聞協会の調べによると、新聞の部数は、一般紙が二〇一九年に三千四百八十七万七千九百六十四部。〇九年の四千五百六十五万九千八百八十五部と比較すると約千七十八万部も減少している。一千万部といえば、「毎日新聞」と「日本経済新聞」「産経新聞」の部数を足し合わせた数字よりも大きい。つまり全国紙が三紙、この十年で消えてしまったほどのインパクトだ。

しかも、この部数減が反転する見込みはほとんどない。社内の一部には楽観論も残るが、私はとても楽観視する気にはなれない。

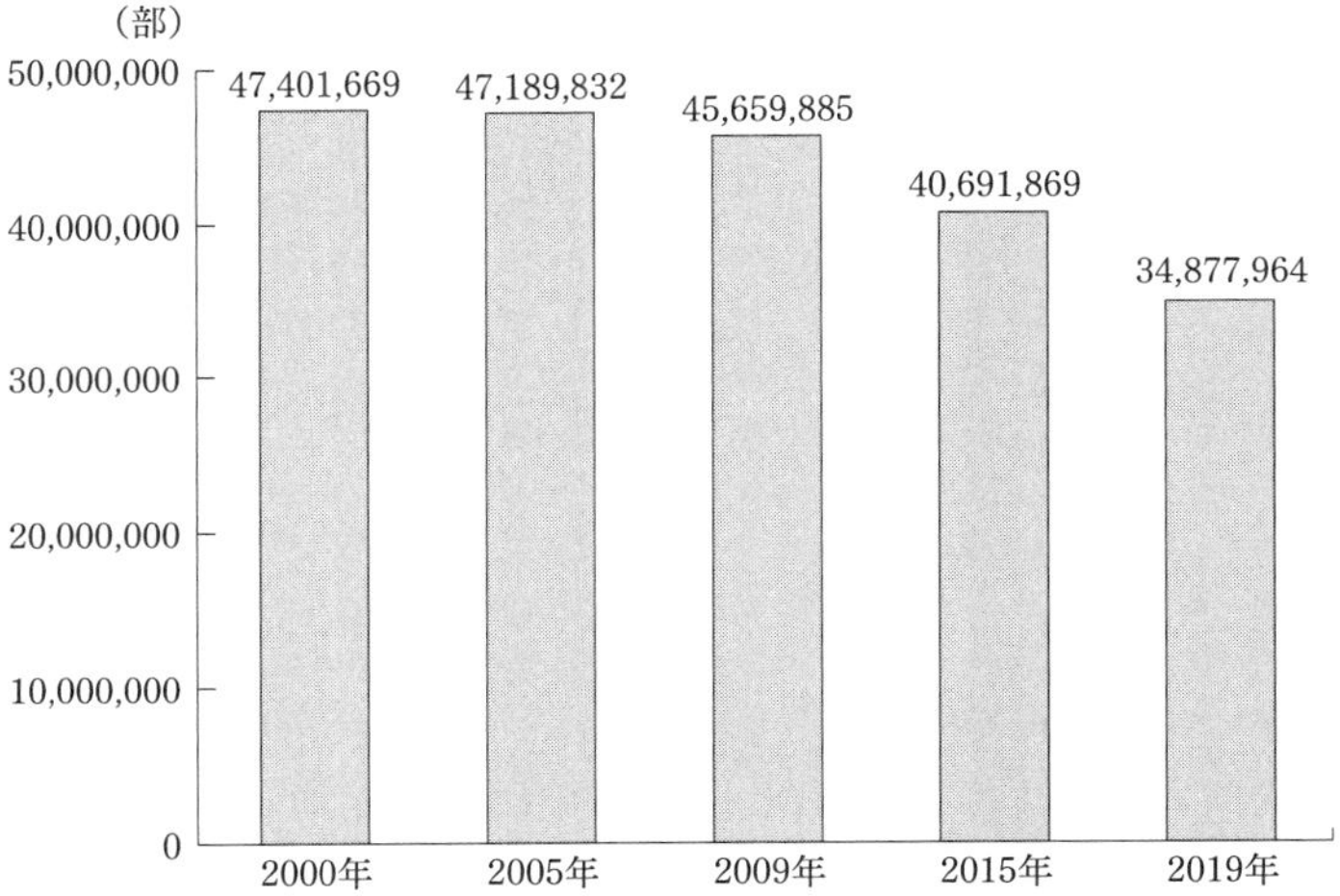

新聞（一般紙）の発行部数の推移
（出典：日本新聞協会ウェブサイト［2021年5月12日アクセス］から抜粋して作成）

若い読者には想像できないかもしれないが、かつては通勤電車のなかで新聞を広げている会社員がたくさんいた。大きく広げると周囲の迷惑になるので、新聞を縦に四つにたたんで読んでいた。立っている人もつり革につかまりながら、器用に新聞を折りたたんで読んでいた。いまではまったく見なくなってしまった光景だ。

いま通勤電車に乗ると、ほとんどの人たちがスマホをいじっている。つまり、かつての新聞は完全にスマホに置き換わってしまったということだ。では、この時代に生きるジャーナリストはどう身を処していけばいいのか。私たち新聞業界の人間はどうすれば読者を取り戻せるのだろうか。

ヒントはスマホの画面のなかにある、と私は思っている。電車やバスのなかで、みんなスマホでなにを見ているのだろう。

私の分析では、まず多いのがゲームをやっている人だ。次に「YouTube」や映画などの動画を見ている人。さらに「LINE」などのチャットツールを使っている人、「Twitter」や「Facebook」などSNSを見ている人と続く。そして、ごく一部の人がニュースを見ている。

新聞業界で働くジャーナリストは、これまで他紙の動向ばかりを気にかけてきた。「毎日新聞」の記者であれば、「読売新聞」や「朝日新聞」「産経新聞」などだ。

ところがいま、スマホの画面を取り合っている競争相手は、新聞業界の同業他社だけではない。むしろニュースメディア以外の動画配信会社やゲーム業界、プラットフォーマーとの画面の取り合いになっている。つまり新聞社のライバルは、スマホのなかでビジネスを展開するあらゆる業界に広がっているということだ。

私たちジャーナリストはいま、非常に厳しい闘いを強いられている。これからジャーナリストを目指す人たちは、こうした現状をしっかりと認識しておいてほしい。

2 動きが鈍かった新聞業界

時代の変化、読者の変化に新聞業界は機敏に反応できなかった。理由は簡単だ。百年以上続いてきた「鉄壁の宅配制度」に業界全体が守られていたためだ。

新聞が読者の手元に届くまでの仕組みを少しだけ説明する。記者たちが取材した内容をまとめた原稿は、デスクや編集者の目を通り、一面アタマや社会面アタマなどと扱いの大小が決まる。編集者が見出しを考え、紙面全体の構成が決まったところで降版し、印刷に回す。

刷り上がった新聞は印刷工場でトラックに積み込まれ、全国各地の新聞販売店に運ばれる。販売店では折り込みチラシを挟み込み、新聞配達員が各家庭の郵便受けまで新聞を届ける。

この流れ全体が「鉄壁の」プラットフォームだったのだ。この工程を滞らせることなく、きちんと機能させておけば、読者は家に届いた新聞を読み、いや、仮に読まなかったとしても、新聞が郵便受けに届いているかぎり、月末には新聞販売店の従業員に新聞代を支払ってきた。

かつては月末になると、電気代やガス代、電話代の集金が家にやってきた。それと同じように、新聞販売店の従業員も各家庭を回って新聞代を集金した。読者も大きな違和感をもつことなく、新聞代を払い続けてくれた。もちろんやめたければやめられるし、ほかの新聞に代えることもできるのだが、習慣として購読しつづけてきたものだけに、なかなかやめられないし、代えるのも抵抗があった。

私が子どものころ、わが家でもそれまで読んでいた新聞を別の新聞に代えたことがあったが、いまでもそのときの違和感を覚えている。テレビ欄のデザインがちょっと変わっただけで、なにか読みにくい気がしたものだ。

つまり、紙の新聞の売り上げを伸ばすために大事だったのは輸送網と販売網であり、新聞記事の中身の良しあしが部数に直結することはあまりなかったのだ。もちろん例外はあったと思うが、いちばん大事なことは、朝、起きたときにきちんと新聞が届いているかどうかだった。読者からの苦情も大半は「新聞が届かなかった」「届くのが遅れた」といういわゆる「欠配」「遅配」に関するものだった。

例えば、他社の話を出して恐縮だが、「部数一千万部で世界一」とかつて称していた「読売新聞」と、私が所属する「毎日新聞」を比べてみる。「読売」の販売部数は二〇二一年現在、約八百五十万部。これに対し「毎日」は約二百五十万部と大きな差がある。

では、両紙を読み比べてみて、そこまで大きな差があるかといえば、そうでもない。もちろん社によって特徴はあるし、論調にも多少の違いはある。「読売」の記者からすると「「毎日」の紙面はできが悪い」と見えるかもしれないが、そこはお互いさまだ。新聞業界に関係がない読者からすれば、おそらく大きな違いは見つけにくいのではないだろうか。

ではなぜ、ここまで部数に大きな開きができたのか、といえば、販売力の差とプロ野球の読売巨人軍の存在が大きい。「東京ドームの巨人戦」を使ったセールストークの力は絶大だった。

二〇二〇年四月の入社式であいさつした読売新聞社の渡邉恒雄代表取締役主筆は「読売新聞は、日本［の新聞社：引用者注］で一番資本も経営内容も安定しています。あなた方は読売新聞に入った以上、一生苦労はしません（略）みなさんは、経営上の心配は何もすることなく、与えられた仕事に専念できる環境にあると思います。そう言う意味で、今日は本当におめでたい日だと思います」（「新聞情報」二〇二〇年四月十八日号）と話している。新聞を販売する力に絶対の自信をもっていないとできないあいさつだ。

ただ、デジタル時代のジャーナリズムのあり方を日々考えている私から見ると、逆に一抹の不安を感じさせるあいさつでもあった。時代の変化から取り残されている新聞業界を象徴するようなあいさつにも聞こえたからだ。

3 デジタル時代のジャーナリズム

最近、旧来のマスコミ、いわゆるオールドメディアに対する世間の風当たりが非常に強い。もちろんなかには的外れな指摘も少なくないが、私は批判が強まった最大の要因はこれまでの紙の新聞が、作り手の発想だけで作られてきたことにある、と考えている。

最近はやりのマーケティング用語で言えば「プロダクトアウトの発想」ということになる。自分たちとしては読者のために原稿を書いているつもりでいたのだが、読者からの要望や読者の声にほとんど反応しないまま紙面を作ってきた、ということだ。

新聞記者同士の議論というのは、一見、国家や社会を大所高所から論じているように見えるのだが、必ずしもすべての記事が読者のニーズに応えているとは言いきれない。

あるときは弱者の立場に立って記事を書き、あるときは許すことができない権力者の不正に立ち向かうべく記事を書いているつもりになっているのだが、はたしてどのくらいの記事が読者の心に響いていただろうか。私たち新聞記者は、読者の反応に対してあまりにも長い間、鈍感すぎた。それを私たちに教えてくれたのが、デジタル時代の到来だった。

デジタル時代の読者は正直だ。つまらないと思ったものにはお金を払わないし、読みにきてくれない。逆に共感すれば、とことんまで応援してくれる。これまでの紙の新聞の読者のように、「毎日配達されるからなんとなく読んでいる」という人はいない。

もちろん紙の新聞の読者のなかには、ありがたいことにものすごく熱心な方々もいて、「家に帰ったら、新聞を隅から隅まで読むのが楽しみです」というような手紙をいただくこともある。だが、こうした読者の大半は、デジタルのメディアにあまりなじみがない高齢層だったりする。

私も新聞記者を三十年やってきたので、もちろん紙の新聞には愛着があるし、休日に書評欄を読んだり学芸欄を読んだりして、まったく知らなかった世界にふれるのが大好きだ。

だが、残念ながら、いまの四十代以下のライフスタイルは大きく変化した。変わったことを嘆いても仕方がないのであって、変わったのであれば私たちジャーナリストも発信方法や記事の内容を考え直さないといけない。

私は、新聞社にとって、ここからの五年が正念場だと思っている。新聞業界は、どこまで変われるのかが問われている。

第6章までに書いてきたように、「まず現場に駆け付ける」「書く前に必ず事実関係の裏を取る」などといった変えてはいけないジャーナリストとしての基本動作や心持ち、社会にとって大切なジャーナリズムの役割は今後も残ると信じている。だが一方で、自分たちが書いていることが絶対に正しいと思い込むことは危険だ。

ベテランの記者ほど、こうした「自分が正しいと思い込む傾向」が強い。このような「上から」の姿勢を改めないかぎり新聞業界が信頼を取り戻すことはできないと、私は思っている。

4 統合デジタル取材センター

こうした業界の現状への危機感から二〇一七年春、毎日新聞東京本社の編集編成局に統合デジタル取材センター（現デジタル報道センター）という新しい部署が誕生した。私はこの略称・統デジで一九年春から一年間センター長を務めた。そして、これまでのジャーナリスト人生にない刺激的な一年を過ごした。

統デジの一週間は、月曜日午前の企画会議から始まる。総勢二十人ほどの記者やデスクが全員会議室に集まり（いまは当然、オンラインだが）、その場で「今週のお題」を各記者が三つずつ発表する。ジャンルは問わない。政治・経済から事件、ジェンダー問題までネット上で話題になっている旬な題材を素早く、深く取材する。

私と三人のデスクが記者からの提案を吟味して、その週の方針らしきものを決めていたのだが、実はその方針に大きな意味はなかった。なぜなら、各記者が次々に長尺の原稿を出稿して、デスク三人はその交通整理だけで手いっぱいになっていたからだ。

私がやったことといえば、「社会部や政治部からネタを引っぺがして、統デジで取材してやろう」と呼びかけたことぐらいで、あとは記者たちが勝手に動いて取材してくれた。

もちろん、出稿された原稿のチェックとリスク管理は必要だったが、なによりも、出てきた原稿を読むのが楽しみだった。所属する記者がみんな素早く柔軟に、かつ大胆に動き、紙の新聞作りの工程にはいっさいおかまいなしに、どんどん原稿を出してきたからだ。

編集編成局内の各部署は、いわゆる記者クラブに記者を配置して、継続的に自分の持ち場を取材させている。これに対して統デジの記者は、ネットで話題になっていることなら、記者クラブなど関係なく縦横に取材し、さっと仕上げる。そうしないと、ネットの動きに対応できないからだ。

しかも、各部の記者が、朝刊用、夕刊用と紙の新聞の締め切りに合わせて出稿するのに対して、統デジの記者は締め切り時間にかまうことなく、原稿ができたときに出してくる。これまでの記者の習性に慣れているデスク陣や私からすると、まさに新しい時代の働き方であり、取材・執筆のやり方だった。

一方で、「これは問題だ」と誰かが声を上げれば、賛同する記者数人が集まり、即席の取材班で連載を十回二十回と続けることもできた。もちろん掘り下げるべき案件だということになれば、ルーティンワークにとらわれることなく、いわゆる「調査報道」のようにじっくり腰を据えて深く取材することも可能だった。なによりも統デジには「紙面」の制約がなかった。

朝夕刊の紙面に載せるまでの工程で、記者が書いてきた原稿は、各部のデスクが目を通し、適切ではない表現や意味が通らない箇所を手直ししたうえで、かつて整理部と呼ばれた部署（「毎日新聞」では現在コンテンツ編成センター）の編集者に手渡される。その過程で原稿は、毎日、朝と午後に開かれる「交番会議」と呼ばれる（呼び名は社によって異なる）会議にかけられる。その場で一面アタマから社会面のアタマまで記事の大きさ（私たちは「扱い」と呼んでいる）が決められる。

各部のデスクは自分の部署の部下が書いてきた原稿を、なんとか一面アタマにしようと売り込むのだが、各部の競い合いになるため、ネタの強さはもちろんだが、デスクのプレゼンテーション能力も問われることになる。なかには「今日はあのデスクだから、この特ダネ、出すのやめておこう」などと出稿を取りやめる記者もいる。記者と同じようにデスクも日々、力を試されている。

新聞のラインナップはこうして決まっていく。だが、デジタルの世界に「扱い」は関係ない。より広く世の中に拡散され、よく読まれた記事こそ高評価の記事になる。統デジに紙面の制約がないというのはこういうことだ。しかも、文字どおり制約がないため、いくらでも原稿を長く書くことができる。つまらない話を長々と書いても読まれないが、おもしろい原稿であれば、どんなに長くても読んでくれる人がいるのがデジタルの世界だ。

会社の方針もあり、統デジには全国から優秀な記者が集められた。事件取材や政治・経済取材などの一線でしっかり経験を積んだ、いわば「できあがった記者」ばかりが二十人近く集まっていたのだ（二〇二一年四月に約四十人に拡充）。会議のたびに私は、記者から様々な問題や事象の見方について教えられ、毎日が勉強だった。

そんな記者たちの力がいかんなく発揮されたのが、安倍晋三政権の時代に問題になった「桜を見る会」をめぐる一連の報道だった。

5 「桜を見る会」取材で見えたこと

二〇一九年十一月八日。「桜を見る会」の問題は共産党の田村智子議員の質問で火が付いた。

私はいまも鮮明に当日夜のことを覚えている。自宅に戻り、いつものように「Twitter」のタイムラインを追っていると、同じ動画がやたらと多くアップされていた。それが安倍首相（当時）と田村議員の参議院予算委員会での質疑の模様だった。

動画は約三十分の長さがあったが、見始めるとすぐに引き込まれた。田村議員の質問が上手でおもしろかったこともあるが、なによりも安倍首相の答弁がひどかった。「Twitter」はいわゆる「炎上状態」になっていた。

翌朝、朝刊を開いてみると、質疑の様子は小さな囲み記事になっていた。だが、あのおもしろさを伝えるには不十分な内容だった。

土曜日だったが、私はすぐに統デジの部員全員に社内チャットツールで呼びかけた。「なにかやるべきだと思うのだが、いい知恵はないだろうか」。ここからの行動の速さが統デジの真骨頂だ。同じ問題意識をもっていた記者がすぐに取材に取りかかり、当日午後七時過ぎには「「税金の私物化では」と批判あふれる「桜を見る会」何が問題か 国会質疑で分かったこと」という見出しの記事になって「毎日新聞」のニュースサイトにアップされた（江畑佳明、「毎日新聞デジタル」〔https://mainichi.jp/articles/20191109/k00/00m/010/215000c〕［二〇二一年五月十二日アクセス］）。

政治部から出稿された短い原稿とは違い、田村議員と安倍首相の質疑を細かく検証し、安倍首相の答弁がどれほど逃げに徹した辻褄の合わないものだったかをきっちり書き込んだ原稿だった。記事は瞬く間にSNS上で拡散し、大きな反響を呼んだ。

週明けの十一日、いつもの会議で複数の記者から「あんな答弁を許してはいかんでしょ」と声が上がった。そこで即座に取材班を結成し、「桜を見る会」の疑惑を追うことになった。顚末は書籍

『汚れた桜――「桜を見る会」疑惑に迫った49日』（毎日新聞「桜を見る会」取材班、毎日新聞出版、二〇二〇年）に詳しいが、ここでは三つ、この取材班でやったことを記しておきたい。

まず第一に、菅義偉官房長官（当時）が午前と午後の一日二回開いている「官房長官会見」のQ&Aを淡々と、しかし連日、徹底的に報じ続けた。新聞紙面にはとうてい載せられない分量だったが、ウェブ上であれば可能だった。この官房長官と記者とのやりとりは非常に多くの読者を引き付けた。

同様に、野党が関係省庁の官僚を対象に繰り返し開いたヒアリングを、取材班の記者が丁寧に文字に起こして報じ続けた。この「野党ヒアリング詳報」も、継続は力なりではないが、回を追うごとに注目度が高まった。野党議員と官僚のやりとりのなかにいわゆる新事実はなかった。しかし、官僚の「のらりくらりとした答弁」を文字にして可視化したことで、そのひどさが際立った。

国会閉会後の十二月中旬ごろになると、野党の議員から「「毎日」はまだ詳報を続けますか？続けないなら、そろそろヒアリングを終わりにしようかと思うのですが」などと問い合わせまで入った。統デジの記者は「とことんやります」と答え、結果的に年末ギリギリまでヒアリングは続いた。

次に、政治部に所属したことがない統デジの「政治シロウト記者」を、あえて首相官邸の記者会見に送り込んだ。そして、見たまま聞いたままの首相会見の実態を伝えた。この一連の記事も、読者と同じ目線で政治を検証した報道として注目された。

さらに、政治学者や評論家などのインタビューを繰り返しウェブ上に掲載した。有権者として、納税者として「おかしい」と思う点を取材し、その結果を有識者にぶつけて問題点をあぶり出した。一連の報道は、前述の『汚れた桜』という書籍にまとめられ、二〇二〇年度の早稲田ジャーナリズム大賞公共奉仕部門の大賞を受賞した。オンラインイベントを開いたり、SNSで活発に読者とやりとりしたりといった、双方向での情報発信が評価された結果だった。

選考委員の一人、武田徹・専修大学教授は授賞理由について次のように記している。

政権を根底から揺るがしかねないスクープ報道が続報に恵まれず、不発に終わってしまうことがある。原因のひとつは、報道側が「世論(Popular Sentiments＝大衆感情)」を気にするあまりに、時間経過とともに話題の新鮮さが薄れて飽きられることを恐れ、続報を自粛してしまうことだろう。その点、「桜を見る会」報道は違った。野党議員の国会質問から約一年後に安倍晋三前首相の公設秘書の政治資金規正法違反を認めさせるうえで、毎日新聞統合デジタル取材センター「桜を見る会取材班」の寄与は大きい。ネット報道らしいソーシャルメディアの活用や、書籍『汚れた桜』の刊行イベントの記事化など、常に市民社会を巻き込んで世論の「輿論(Public Opinion)」化に努め、九十五本もの記事を発信して告発を続けた。権力側の世論操作技術が巧みになるほど、それに抗う技術がジャーナリズムには求められる。継続的な報道の力を示した例として公共奉仕部門の大賞に値すると考えた。(「第20回ジャーナリズム大賞作品決定」

早稲田大学ウェブサイト〔https://www.waseda.jp/top/news/71585〕［二〇二一年五月十二日アクセス］）

この節で読者によく考えてもらいたいのは、この「桜を見る会」をめぐる質疑を国会で取材していた記者は、統デジ以外の部署にいて、その記者はすでに質疑の模様に関する原稿を書いていたということだ。ところが、取材した記者は質疑の問題点やおもしろさに気づかなかったのか、原稿はあっさりと短くまとめられ、扱いも小さな囲み記事にしかなっていなかった。

ここに、よく言われる記者クラブの弊害の一端が見える。巷で言われるように「記者が政治家と癒着している」とか「安倍政権に忖度して記事を小さくした」などといったことは断じてない。ただ連日、国会取材を繰り返し、記者もデスクも少々のことには驚かなくなっていたという「取材する側の意識の問題」は少なからずあったように思う。

「桜を見る会」自体は安倍政権の発足以前からあり、六十七年も続いてきた行事だ。各界で功績・功労があった著名人らを招待して新宿御苑で桜を楽しもうという行事で、それ自体に問題があるわけではなかった。

政治部の記者は毎年、同じように取材し、写真部のカメラマンも華やかな写真を撮って紙面に載せていた。まさか、長期にわたった安倍政権の下で、首相の地元・山口県の後援会メンバーが多数参加していたなんて気づきもせず、淡々と取材を繰り返してきたのだ。

田村議員の質問から約一年後、安倍前首相は、都内のホテルで開かれていた「桜を見る会前夜祭」の宴会費用の一部を安倍事務所が補塡していたことを認め、東京地検特捜部の事情聴取を受けた。

同じころ、政治部出身の統デジの記者が「赤旗はなぜ桜を見る会をスクープできたのか 見逃し続けた自戒を込めて、編集長に聞いてみた」という記事を書いた（古川宗、「毎日新聞デジタル」〔https://mainichi.jp/articles/20201120/k00/00m/010/346000c〕［二〇二一年五月十二日アクセス］）。「桜を見る会」の問題点については、田村議員の質問の約一カ月前に共産党の機関紙「しんぶん赤旗日曜版」が報じていた。

この記者の原稿は、政治部記者として毎年「桜を見る会」を取材しながら、その問題点に気づけなかった記者としての懺悔録だった。「桜を見る会」が共産党の指摘をきっかけに話題を呼ぶなかで、記者クラブで取材していたころに見落としていた重要なポイントに気づき、「問題意識を持てなかったことを悔やむとともに、気恥ずかしさが残った」とつづっていた。

新興のネットメディア「NewsPicks」の編集幹部から以下のような話を聞いたことがある。

「新聞社の記者クラブは、重要な情報に容易にアクセスできて、私たちから見ると、ものすごくうらやましい存在です」

この発言は半ば本音だが、半ばは皮肉だ。この編集幹部は私に「うらやましい」と言いながら、最後には「ぜひみなさんには今後も、記者クラブに張り付いていてほしい」と本音を漏らしていた。

つまり、ネットメディアは記者クラブで取材していただけでは手に入らない貴重な取材機会を見つけようと日々努力していて、大手メディアにじゃましてほしくないと考えているということだ。この構図は、いわゆる「文春砲」と新聞報道との関係にも共通している。純粋に「特ダネ」だけを追い続けている集団に、記者クラブ詰めの記者たちは負け続けている。

私たちは記者クラブの「便利さ」に慣れすぎてしまって、本当の現場を見失っているのではないか。最近よく、そんな思いを抱くことがある。

6 発信してこそのジャーナリスト

私が新聞記者になった一九九〇年代は、自分が書いた原稿を紙の新聞にどう記事として載せるか、がすべてだった。「紙面での扱いが大きいか小さいか」「写真が載るかどうか」。そんなことばかりを気にしながら仕事をしていた。比較対象、いわゆるライバルもほかの新聞社とせいぜいテレビ局。「あの新聞に載ってるネタがなんでうちには載ってないんだ?」とか「齊藤、地元紙に載ってるあの話の裏取れたのか?」など他紙と比較して評価されることがほとんどだった。

こうした「紙の新聞の常識」はいまや、まったく通用しなくなりつつある。デジタルの時代になり、「自分が書いた原稿がどれだけ拡散されて多くの人に読まれているか」がはっきり数字で見えるようになったからだ。

紙の新聞にだけ原稿を書いていた時代は、自分が書いた記事が新聞の紙面に載ってしまえば仕事は終わりだった。夜、支局に送られてきた紙面のゲラをチェックして「さあ、終わった終わった。齊藤、今日は県版のアタマを書けてよかったなあ。ちょっと一杯いくか？」などという会話が交わされたものだ。

ところが、いまは違う。「齊藤、サイトに原稿アップされたぞ」とデスクから声がかかっても仕事は終わらない。むしろここからが重要な仕事だ。取材先や知り合いのインフルエンサーに声をかけ、自分でもＳＮＳで発信して、書いた記事が一人でも多くの読者に届くように努力する必要がある。

書いた記事すべてが読者の心に刺さるとはかぎらない。でも、自分がじっくり時間をかけて汗をかいて取材した記事は、一人でも多くの人に読んでもらいたい。これからのジャーナリストは、自分で書いた記事を自ら宣伝し、世に広めていくことも仕事の一部と考えるべきだろう。

では、いまのジャーナリスト（ここでは新聞社などの組織に属している記者）がみんな、こうした行動をきちんと取れているかというと、そうでもない。なぜかといえば、新聞社のなかには「ＳＮＳは危ないもの」という考えの幹部がまだまだ少なくないからだ。なかには、「Twitter」や「Facebook」で社名を名乗って記者が発信することを規制している社もある。

「新聞社なのだから、新聞に載っている記事がすべて」という考えに基づいているのだろう。あるいは「社員のSNSが炎上したら厄介だ」と思っている幹部がいるのかもしれない。しかし、読者ならわかると思うが、これからはSNSでの発信力は記者個人にとっても会社にとっても大きな武器になる時代だ。この武器を活用しない手はない。逆に世の中の動きを読み誤れば、新聞社といえども多くの読者にそっぽを向かれてしまう。

その点、アメリカの新聞社は日本よりもかなり先をいっている。「ワシントンポスト」の記者はホワイトハウスの記者会見の様子を自分で原稿を書くよりも前に自分の「Twitter」でほぼ実況中継のように伝えているし、「ニューヨークタイムズ」や「ウォールストリートジャーナル」の記者も記事の予告をSNSでおこなうなどしている。

読者もジャーナリストを目指すのであれば、発信することを恐れてはいけないと私は思う。もちろん発信するからには、書き込む内容には細心の注意が必要だし、不可抗力で「炎上」してしまったときの対処法も考えておく必要はある。だが、準備ができていないからといって、「発信しない」ことが許される時代ではない。

私自身も毎日、試行錯誤しながらネット社会と付き合っている。これからのジャーナリズムはネット社会のなかにこそ存在すると信じて、これからも発信を続けていこうと、私は思っている。

7 子育てのころ

子どもが生まれる一カ月前、内勤の編集総センター（いわゆる整理部）から社会部に異動になった。職場にあいさつにいくと、先輩女性記者に「齊藤君、ボーッとしてちゃだめだよ。社会部は生き馬の目を抜く世界なんだから」と言われたのを覚えている。

妻も社会部の記者だったが、当時は出産を控えて産休中だった。子どもが生まれたのは五月。生まれる前日昼まで、私は泊まり勤務で会社にいた。なんとか出産には立ち会うことができたが、産気づいた妻の様子に慌てて家からタクシーで病院に向かうとき、カメラを持っていくのを忘れた。病院では「痛い、痛い」とうなる妻の腰をさすったり背中をたたいたりしたが、「そこじゃない」とか「もっと上」とか怒られた。カメラを忘れたとわかると、「それでも記者?」と言われた。

当時、スマホはまだなかったし、携帯電話にもカメラ機能はついていなかった。私は病院近くのコンビニでインスタントカメラを買って、生まれたばかりの息子と出産を終えた妻の写真を撮った。いまだに妻は「まさかカメラを忘れるとはねえ」と言い続けている。

妻の育児休業期間中に、私は警視庁担当になった。妻からはいまも「ワンオペ子育て時代」についての恨み言を聞かされる。「あんまりお仕事じゃなくて、遊びにきてね」という子どもの声が入った留守番電話の録音は、いまも取ってある。第4章でも書いたとおり、忙しくて体力的にも精神的にもつらい日々だった。いちばんかわいい時期の子どもと一緒にいてやれない新聞記者の働き方は、いまにして思えば問題だらけだった。

だが、私の世代ぐらいから徐々に新聞記者の働き方も変わってきたように思う。少しずつ夫婦共働きが当たり前になり、いまでは男性も育休を取るのが珍しくなくなった。後輩のなかにも私たちのような記者同士の夫婦がいるが、夫も育休を取得して、子どもが三人いる家庭もある。二〇一五年には、新人記者のうち女性が過半数になった。

本章でもふれたが、新聞社は変わらないと生き残れない。デジタルに対応するだけでは不十分だ。もっと根本的なところから変わらなければいけないのかもしれない。最近、つくづくそう思う。

Q&A 5

Q：ジャーナリスト、特に新聞記者の将来性についてどう思う？

A：本章でもふれたように、私は紙の新聞の発行部数は近い将来、限りなくゼロに近づくと考えています。この点については新聞社のなかでも考えが割れていますが、少なくとも大量の新聞を発行して、その新聞をトラックで運び、販売店で折り込み広告を入れて配達するというビジネスモデルは早晩成り立たなくなると思います。

そのあとは一部の「紙好きの人たち」が特別に注文して郵便などで届けてもらうような「高級紙」が残るぐらいになるのではないか、と予想しています。

ただ、ジャーナリストという仕事がなくなるかと言われれば、私はなくならないと考えています。紙の新聞がなくなったとしても、「新聞社」がなくなるとはかぎりません。もちろん社名が変わったり合従連衡があったり、ということはあるかもしれません。そのとき、「新聞記者」という呼び方が残るかどうか、いまはまだわかりません。ただ、一つだけはっきりしているのは、ウェブであっても紙であっても、取材した中身を原稿にまとめ、整えて見出しを付けてどこかに載せるという仕事自体はなくならないということです。

人間が文字を使ってコミュニケーションを続けているかぎり、世の中でなにが起きているのか、世界でどんなことが起きているのかに対する関心をもつ人がいるかぎり、ジャーナリストという仕事はなくならないと思います。

Q：ジャーナリストのキャリアアップにはどのような道がある？

A：いまの社内教育制度では、まず地方支局で三年から五年勤務したあとで、東京や大阪、福岡、名古屋など大都市圏の「本支社」に異動します。そこでさらにキャリアを積みながら、自分の希望の部署や自分がやりたい取材を見極めることになります。もちろん必ず希望がかなうとはかぎりませんし、希望の部署でなくても仕事をしているうちにやりがいを感じるようになることもあります。これればかりは人によって千差万別かと思います。

ただ一つ言えることは、もしどうしても取材したいこと、こだわっていることがあるのだとすれば、ずっと主張しつづけることがとても大切だということです。自分のなかで追い続けたいテーマがあれば、徹底的に追い続けることはとても大事なことです。もちろん、周囲との調整は必要ですが、関心をもち続けることでこそ道は開けるのだと思います。

ジャーナリストの仕事は、オンとオフの切り替えがすごく難しい仕事です。逆に言うとオフはないとも言えます。例えば、休日に映画を観にいったとします。その映画でヒントを得て、後日、なにかの記事やコラムを書いたとします。そうなると、映画を見ていた時間ははたしてオフと言えるでしょうか。

夏休みにリゾート地に行ったとします。そこで見た最近のリゾート地の実情に驚き、後日、記事を書いたとします。こうしたケースでは、原稿を執筆した時間は勤務時間かもしれませんが、着想を得た時間や取材の時間は勤務時間とは言えないかもしれません。

また、「Twitter」や「Facebook」などのＳＮＳでのほかの人の書き込みや、人との会話で気づいた内容を原稿にすることもあるでしょう。これもまた、仕事なのか余暇なのか、線引きが難しいところです。

キャリアアップという言葉は意味の取り方が難しいですが、新聞記者として十五年ほどキャリアを積むと、そろそろ「デスク年次」にさしかかります。

デスクというのは、肩書で言うと副部長とか次長（社によって呼び方が違います）というポストです。一線の現場で取材をするのではなく、取材してきた記者の原稿をチェックしたり、大きな事件や事故が起きたときなどに取材方針を立てて現場を取り仕切ったりするのが仕事です。毎日、会社で記者からの出稿を待ち、机にへばりつくようにして原稿を手直ししている姿から「デスク」と呼ばれるようになったそうです。一般的な会社の組織で言えば課長ぐらいの立場でしょうか。まさに中間管理職です。

新聞社が少し特殊なのは、「昇進なんかしなくていいから、書きたいことを取材して書き続けたい」と希望する人が少なくないことです。つまり、「ライン」に乗ってデスクから部長と昇進していくのか、それとも「一人の記者」として現場で取材しつづけるのか、という選択の機会が与えられるということです。

新聞社を退職してフリーのジャーナリストになったり、大学教授になったりする人も一部にはいます。ただ、それなりに経験を積んでジャーナリストとしての力をつけたあとの選択肢になるのだと考えています。ちなみにいま、ネットメディアで活躍している書き手の多くは、新聞社で基礎を学んだ人材です。

Q：いま手がけたい対象やテーマは？

A：まさにこのQ&Aで答えたような内容ですが、私が働いている新聞業界が十年後にどのような姿になっているかが、いまの私にとっての最大のテーマです。そして人間同士のコミュニケーション手段がどう変わっていくのか、ということにも大きな関心をもっています。私が新聞記者として仕事を始めてからの三十年間は、まさにコミュニケーション革命の急加速の歴史と重なります。マスコミュニケーションとマイクロコミュニケーションの関係性など、まだまだ取材したいテーマは多く、時間がいくらあっても足りないくらいです。

おわりに

民俗学者の宮本常一は、初めて訪れた土地に着くと、まずいちばん高いところから集落全体を眺めたといいます。火の見櫓だったり、城跡の山だったり、集落によって場所は違いますが、高いところから一望することで、集落の広さや規模、家々の集まり具合など思っている以上にいろいろな情報を得られたと、のちに述懐しています。

一方で、宮本は徹底したフィールドワークの人でした。対象の人間に長期間密着し、相手が、取材や調査だということさえ忘れて、昔からの知り合いに接するように付き合ってくれるようになるまで、連日、相手の家に通い続けました。そこまで徹底して相手に近づくことで、農・漁村など日本の地方での本当の暮らしが見えてきたといいます。学者のフィールドワークだけでなく、この姿勢は新聞記者にも通じるのではないか、と思いながら、二十代のころ、彼の著作を何度も読み返しました。

「鳥の目と虫の目」という言葉があります。物事をより正確に理解するためには、対象との距離を変えて見つめてみることが大事だ、という意味の言葉です。

もちろん新聞記者には時間の制約があり、そこまで長時間、取材対象に密着しつづけることはできないかもしれません。しかし、記者人生は決して短くはありません。担当する取材対象が変わっても、ときには転勤しても、それまでの取材相手の人たちとつながり続けていれば、自分の人生に重ねながら相手の人生を描くことだって可能になります。

ジャーナリストという仕事の本当の醍醐味はこの息の長い継続性にあるのではないか、と私は最近になってよく考えます。取材相手が政治家だろうと警察官だろうと、相手と長い期間付き合い続けることで見えてくる人生があります。

新聞業界は「斜陽」と言われて十年以上が過ぎました。今後、この業界がどうなっていくのか、正直に言えば私にもわかりません。でも、本書のなかで何度かふれたように、新聞業界がどのように変わろうとも、あるいはなくなったとしても、ジャーナリズムが変容するわけではありません。いやむしろ、デジタル時代はジャーナリズムが本来の姿を取り戻すチャンスを与えてくれているのかもしれません。

デジタル時代には、記者クラブで「発表モノ」だけを書いている記者は通用しません。より深く対象に迫った記事、長時間じっくり取材した記事こそデジタルで読まれる記事です。いわゆるページビュー（PV）を稼ぐ必要はありません。字数が多くても最後まで読んでもらえるような記事や、記者の名前を覚えて応援してくれる読者がつくような記事こそ、これからのジャーナリズムを牽引していくのだと、私は考えています。

私は読者のみなさんから見ると旧世代に属する古い記者ですが、これからのジャーナリズムに大いなる希望を抱いています。みなさんはぜひ、変な型にはめられることなく、自由な発想で新しいジャーナリズムの世界を一から構築していってください。変化が激しい時代だからこそ、ジャーナリストの存在が求められるのだと私は確信しています。

最後に、このような出版の機会をくださった青弓社の矢野恵二さんにあらためてお礼を申し上げたいと思います。また、少し気を抜くと執筆が遅れがちになる私を激励しながら伴走してくださった編集者の半澤泉さんにもあらためて感謝を申し上げます。

二〇二一年五月

［著者略歴］
齊藤信宏（さいとう のぶひろ）
1966年生まれ、宮城県仙台市出身
早稲田大学商学部卒業
毎日新聞社編集編成局次長兼写真・映像報道センター長
1991年に入社し、社会部、経済部、外信部を経て2007年秋から4年間、アメリカ・ワシントンＤＣの北米総局特派員。17年、連載企画「チャイナ・センセーション」で第21回新聞労連ジャーナリズム大賞を受賞。経済部長、統合デジタル取材センター長を務めたのち20年4月から現職

ジャーナリストの仕事《しごと》

発行――2021年6月21日　第1刷
定価――1600円＋税
著者――齊藤信宏
発行者――矢野恵二
発行所――株式会社青弓社
〒162-0801 東京都新宿区山吹町337
電話 03-3268-0381（代）
http://www.seikyusha.co.jp
印刷所――三松堂
製本所――三松堂

ISBN978-4-7872-3490-2　C0036